Michèle Goslar

MARGUERITE YOURCENAR

ET
LES VON VIETINGHOFF

Inédit
© Succession Marguerite Yourcenar

*Bulletin annuel publié par
le Centre international de documentation
Marguerite Yourcenar
CIDMY*

Avec le soutien de la Promotion des Lettres et du Livre
de la Fédération Wallonie-Bruxelles
de la Commission communautaire française
et de la Région Bruxelles-Capitale

COMITE DE LECTURE

Michèle Goslar
& Marc-Etienne Vlaminck

DIRECTION

Michèle Goslar

SECRÉTARIAT DE RÉDACTION

65, rue des Tanneurs
BE-1000 Bruxelles
Tél. & Fax : + 32 (0)2 502 74 75
http://www.cidmy.be
info@cidmy.be

Couverture : 1. Marguerite et Egon sur la plage de Scheveningen (1905); 2. Jeanne et Conrad (1902); 3. Egon (1917); 4. Alexis (1918?); 5. Jeanne (1907). Fonds von Vietinghoff/CIDMY

SOMMAIRE

Présence de la famille von Vietinghoff dans l'œuvre de Marguerite Yourcenar	4
Les faits biographiques	12
Jeanne de Vietinghoff	18
Jeanne de Vietinghoff, écrivain	36
Jeanne assimilée à Diotime	42
« En mémoire de Diotime : Jeanne de Vietinghoff »	44
Correspondance Egon de Vietinghoff/Marguerite Yourcenar	57
Informations CIDMY	113

Présence de la famille von Vietinghoff dans l'œuvre de Yourcenar

Les relations des de Crayencour avec la famille von Vietinghoff ont eu, on le sait, une grande influence sur l'œuvre de Marguerite Yourcenar.

On compte pas moins de cinq de ses romans où Jeanne de Vietinghoff et son mari Conrad servirent directement de source d'inspiration à des personnages principaux. Modèles d'Alexis et de Monique dans *Alexis ou le traité du vain combat*, couple de *La Nouvelle Eurydice*, personnages principaux de *Quoi, l'Eternité?* protagonistes du *Coup de grâce* ou personnes dans *Souvenirs pieux*, Jeanne et Conrad semblent hanter l'œuvre de Marguerite Yourcenar, depuis son premier roman jusqu'à son dernier, resté inachevé.

Reconnue de façon allusive dans certaines interviews, cette source est clairement révélée dans la correspondance de l'auteur avec sa correctrice chez Gallimard, Jeanne Carayon.

Ainsi, à Matthieu Galey, au sujet de son premier roman, *La Nouvelle Eurydice*, Yourcenar confie : « C'était le fait que j'avais considéré comme très digne de respect et d'affection une femme que mon père avait failli épouser, et à laquelle il avait dû renoncer parce qu'elle ne voulait pas divorcer. Lorsque mon père est tombé malade, je me suis retrouvée dans la région qu'avait habitée cette femme. J'avais à ce moment-là vingt-deux ans, et j'ai tâché, moi aussi, comme le personnage de mon roman, de retrouver les amis de la morte (elle était morte entre-temps). Naturellement, j'ai obtenu des renseignements qui ne correspondaient pas toujours les uns avec les autres. Je suis allée voir le médecin qui avait soigné cette femme, j'ai fini par retrouver le mari, et nous avons eu quelques conversations sur la disparue. C'eût été très beau, si cela avait été raconté tel quel, comme l'attachement d'un être jeune à une personne plus âgée, qu'on a considérée comme un exemple humain.

(…) Je pouvais surtout la juger à travers les récits de mon père; je l'avais d'ailleurs retrouvée et revue brièvement quand j'avais quinze ans. Puis, entre-temps, elle était morte.

Cela aurait pu donner quelque chose de beau, mais cela demandait du jugement, un tact en matière de psychologie de l'adolescence que je n'avais pas à vingt-neuf ans. Le sujet était trop différent du sujet ordinaire des romans que je connaissais. »[1]

Quant à *Alexis ou le traité du vain combat*, il ne fait aucun doute que « la confidence non sollicitée » à l'origine de ce magnifique monologue est celle de Conrad de Vietinghoff, rencontré à Zürich en 1927, pendant la rédaction du livre, d'autant plus que le personnage emprunte le nom d'un de ses fils, Alexis, ce que confirmera son frère, Egon. Longtemps, Marguerite Yourcenar a rêvé d'écrire une suite, « Monique », à cette longue lettre d'Alexis, mais ne l'a jamais réalisé.

Le Coup de grâce est également fortement lié à la famille von Vietinghoff, empruntant le décor (La Courlande) à ces aristocrates qui avaient, effectivement, un château à Salisburg. Le patronyme, de Reval, allusion à l'ancien nom de la capitale de l'Estonie, Tallinn, renvoie directement à cette famille phare. Ce même patronyme sera celui des protagonistes de *Quoi, l'Eternité ?* dont les prénoms sont plus que révélateurs : Jeanne et Egon, la mère et le premier fils… D'ailleurs, Marguerite Yourcenar le confirme à Matthieu Galey : « Mais, dans ce cas particulier, je l'ai (le titre de sa trilogie) emprunté à un très grand livre peu connu, *Le labyrinthe du monde*, du grand écrivain tchèque du XVIIe siècle, Comenius. Mon père l'avait traduit vers 1904 ou 1905, non du tchèque, langue qu'il ignorait, mais d'après une traduction anglaise. L'idée lui en avait été suggérée, je crois, par une amie protestante de sa femme, qui allait, après la mort de celle-ci, devenir son amie et sa conseillère pendant quelques années, et tiendra une place importante dans *Quoi, l'Eternité?* »[2]

Enfin, Marguerite Yourcenar avoue très franchement à Jeanne Carayon que « Monique de Wolmar » sera le nom sous lequel apparaîtra Jeanne dans *Souvenirs pieux*, le deuxième tome de sa trilogie consacré à sa famille maternelle. Entre temps, elle avait changé sa dénomination : « Cette femme remarquable à plus d'un point de vue est la Monique G. de *Souvenirs Pieux*, compagne de Fernande au Sacré-Cœur, et qui fut plus tard liée à mon père par une amitié passionnée, peut-être même par un grand amour. Adolescente, je voyais

---

[1] Matthieu Galey, *Les Yeux ouverts*, Entretien avec Marguerite Yourcenar, Paris, Le Centurion, 1980, p. 83. En réalité, l'auteur ne se rendit à Zürich où habitait Conrad de Vietinghoff qu'en 1927 (à 24 ans donc), un an après le décès de Jeanne qui disparut le 15 juin 1926, dans la clinique du Dr Bertholet, à Pully, près de Lausanne. Le médecin interrogé peut être ce docteur ou le docteur Roux de Lausanne (autre personnage de *Denier du rêve...*) qui soigna à la fois Jeanne et Michel de Crayencour.

[2] *Op. Cit.* p. 221.

en elle un modèle d'intelligence et de bonté féminines, de sorte que son influence a été grande sur moi. »³

Au-delà de ces quelques livres où la référence à Jeanne de Vietinghoff est évidente et reconnue, il faut aussi mentionner ce modèle pour des personnages parfois secondaires comme le signale l'auteur dans sa postface d'*Anna, soror…* au sujet de Valentine, la mère des enfants incestueux: « Cette sereine Valentine me semble, dans ce que je n'ose pompeusement appeler mon œuvre, un premier état de la femme parfaite telle qu'il m'est souvent arrivé de la rêver : à la fois aimante et détachée, passive par sagesse et non par faiblesse, que j'ai essayé plus tard de dessiner dans la Monique d'*Alexis*, dans la Plotine de *Mémoires d'Hadrien*, et, vue de plus loin, dans cette dame de Frösö qui dispense au Zénon de *L'Œuvre au Noir* huit jours de sécurité. Si je prends la peine de les énumérer ici, c'est que, dans une série de livres où l'on m'a parfois reproché de négliger la femme, j'ai mis en elles une bonne part de mon idéal humain. »

Thérèse, Monique G. ou Jeanne de Reval, Jeanne de Vietinghoff est bien présente non seulement dans l'œuvre romanesque de Marguerite Yourcenar, mais aussi dans sa poésie (*Les Charités d'Alcippe*) où elle lui consacre sept sonnets (*Sept poèmes pour une morte*) et dans ses essais (*En mémoire de Diotime : Jeanne de Vietinghoff*, paru dans *Le Temps, ce grand sculpteur*, dont nous reproduisons ici le texte original). De sorte que l'on peut affirmer que Jeanne de Vietinghoff et ses proches sont omniprésents dans l'œuvre de Yourcenar.

---

³ Lettre à Jeanne Carayon du 3 août 1973.

VII. VOUS NE SAUREZ JAMAIS

Vous ne saurez jamais que votre âme voyage
Comme au fond de mon cœur un doux cœur adopté;
Et que rien, ni le temps, d'autres amours, ni l'âge,
N'empêcheront jamais que vous ayez été.

Que la beauté du monde à pris votre visage,
Vit de votre douceur, luit de votre clarté,
Et que ce lac pensif au fond du paysage
Me redit seulement votre sérénité.

Vous ne saurez jamais que j'emporte votre âme
Comme une lampe d'or qui m'éclaire en marchant;
Qu'un peu de votre voix a passé dans mon chant.

Doux flambeau, vos rayons, doux brasier, vore flamme,
M'instruisent des sentiers que vous avez suivis,
Et vous vivez un peu puisque je vous survis.

(*Sept poèmes pour une morte, Les Charités d'Alcippe,* Paris, Gallimard, 1984, pp. 28-34)

Conrad et Egon

Egon

Les faits biographiques

Tout commence au collège des Dames du Sacré Cœur de Jette Saint-Pierre, à Bruxelles, où Fernande de Cartier de Marchienne est condisciple de Jeanne Bricou, sa cadette de trois ans.[1] Une amitié s'établit entre les deux adolescentes, que Marguerite Yourcenar, dans *Souvenirs pieux*, qualifie de particulière. La famille de Crayencour, jugeant cette relation, avec une protestante, dangereuse pour leur fille dont les notes chutent, l'enlève du collège, mais les jeunes filles se sont promises de veiller mutuellement sur leurs enfants si malheur leur arrivait à l'accouchement.

Veuf d'une première épouse, Berthe de Lagrange, à la suite « d'une petite intervention chirurgicale »[2], Michel de Crayencour est présenté à Fernande de Cartier, jeune femme célibataire de 27 ans. Ils décident de se marier en 1900 et Fernande invite son ancienne condisciple du collège comme demoiselle d'honneur à son mariage. A la vue de cette « beauté créole », « vêtue de velours rose, un grand feutre rose sur ses cheveux sombres », Michel de Crayencour est charmé… Mais Jeanne est fiancée et, comme l'écrit l'auteur dans *Souvenirs pieux*, « il était trop tard »…

Trois ans plus tard, Fernande accouche à Bruxelles d'une petite fille, Marguerite. Elle décède onze jours plus tard de fièvre puerpérale et de péritonite. Soit qu'elle respecte ses engagements à l'égard de Fernande, soit que Michel, ébloui par son apparition à son mariage, la contacte, Jeanne retrouve Michel et son enfant. Mais entre temps Jeanne s'est mariée avec Conrad de Vietinghoff. Une idylle se noue pourtant entre ces deux êtres, l'un veuf pour la seconde fois, l'autre frustrée par un mari « uraniste notoire »[3]. Ils se fréquentent assidûment, soit à Scheveningen, où les von Vietinghoff disposent d'une villa, soit dans le Midi, fréquenté à l'époque par Michel de Crayencour et sa fille.

---

[1] Jeanne Céline Emma Bricou, fille de Pierre Bricou, architecte, et d'Emma Storm de Grave (hollandaise), est née à Bruxelles le 31 décembre 1875. Ferdinande (Fernande est un diminutif) de Cartier de Marchienne, future mère de Marguerite de Crayencour, naît à Suarlée le 23 février 1872.

[2] Berthe de Lagrange décède, en effet, à Ostende, à deux jours d'intervalle de sa sœur Gabrielle qui fréquentait le couple et à la suite d'une intervention qu'on imagine aisément être un avortement. Les faits ont lieu le 22 et le 24 octobre 1899.

[3] L'aventure est relatée dans le seul roman de Jeanne de Vietinghoff, *L'Autre devoir,* le premier étant le respect de Dieu pour cette protestante.

Je voudrais dans mes bras serrer ton corps sans voiles;
Je voudrais arracher à la voûte des cieux
Pour t'en faire un collier, tout un trésor d'étoiles;
Les regarder pâlir sous l'éclat de tes yeux.

Je voudrais devant toi effeuiller mille roses,
Faire fumer l'encens de mille trépieds d'or,
Me coucher à tes pieds, et, dans l'oubli des choses,
Contempler ton visage en attendant la mort.

Et, quand Elle viendra, penche-toi sur ma couche,
Afin qu'au grand réveil j'aie la félicité
De sentir ton baiser tout vivant sur ma bouche,
D'en garder la douceur pendant l'éternité.

(Scheveningue, automne 1904)

Poème écrit par Michel de Crayencour et daté par M. Yourcenar de l'automne 1904.

D'après Alexander von Vietinghoff : Fernande de Cartier avec Jeanne et une amie commune.
Probablement vers 1902

Alexander von Vietinghoff date ces séjours des étés 1905 et 1906, mais Marguerite Yourcenar cite, dans *Quoi, l'Eternité?* un poème de son père de l'été 1904 (voir ci-dessus). En outre, une photographie montrant, probablement, Jeanne et Fernande ensemble, et qui doit dater de 1902 d'après le profil de Jeanne, semble prouver que les deux femmes se sont fréquentées dès après leurs mariages respectifs. Ajouté au fait que Michel de Crayencour était coutumier des ménages à trois (Berthes et Gabrielle, Odette et Béata…), tout encourage à imaginer une idylle entre Michel et Jeanne.

Marguerite Yourcenar témoigne dans sa correspondance avec Jeanne Carayon de cette « amitié passionnée », de ce « grand amour peut-être ».

L'influence de Jeanne sur la petite Marguerite est très marquée : plus qu'un modèle maternel, Jeanne fut pour Marguerite de Crayencour un modèle féminin, un archétype de la femme qui réussit à séduire un homosexuel, à l'épouser, à enfanter avec lui et à rester à ses côtés jusqu'à sa mort.

Dans la biographie de Marguerite Yourcenar[4], ont été développées les relations entre les trois membres de la famille de Crayencour (la mère, le père et la fille) et Jeanne, impliquant toutes des relations affectives extrêmes. La lecture des *Sept sonnets pour une morte* des *Charités d'Alcippe*, ne laisse planer aucun doute sur les sentiments de la jeune Marguerite à l'égard de la maîtresse de son père : « Je heurte mes regrets aux angles d'un tombeau »…

Finalement, les trois membres de la famille furent épris de la même femme.

Mais comment expliquer pour autant l'importance de Jeanne dans l'œuvre de Yourcenar? En résumant nos conclusions biographiques, l'enchaînement serait le suivant. Née à la suite d'un accouchement qui coûta la vie à sa mère, Marguerite Yourcenar culpabilise et se trouve un être monstrueux ayant donné la mort pour vivre. Elle a trop souvent nié l'impact de l'absence de la mère pour qu'il soit crédible. Inconsciemment, elle se jugeait comme un être incapable d'être aimé. Pour le prouver, elle s'échine à tomber amoureuse d'homosexuels qui la rejettent (un Alexis de Géra, André Fraigneau et, à la

---

[4] *Yourcenar. Biographie.* « *Qu'il eût été fade d'être heureux* », Bruxelles, Ed. Racine et Académie royale de langue et de littérature françaises, 1996, 407 p, particulièrement le chapitre « Jeanne de Vietinghoff, Diotime », pp. 77-92.

fin de sa vie, Jerry Wilson). Les exemples d'homosexuels masculins dans son œuvre ne manquent pas pour étayer cet attrait. Ils sont légion dans le recueil *Feux*, entièrement voué à la passion. On y trouve même, dans « Marie-Madeleine ou le salut », l'Evangéliste Jean « courant vers un Epoux (Dieu) »…

Dans ce contexte, Jeanne représente la femme idéale qu'elle aspirait à être. La fidélité de Jeanne à son mari, soutenue par une foi inébranlable et une indulgence hors pair, n'a pu que séduire davantage une femme dont la vie affective fut désenchantée et qui n'hésitait pas à écrire que « le bonheur est un sous-produit » ou, dans le chef de Marie-Madeleine, que « Dieu l'a sauvée du bonheur ». Jeanne ne dit pas autre chose dans *Impressions d'âmes* : « Il en est du bonheur, de la gloire, de l'amour trop complets, comme de la vertu des satisfaits, c'est un idéal qu'il vaut mieux entrevoir qu'atteindre. De loin, il nous encourage à courir ; une fois atteint, il n'a plus à nous offrir qu'un trône, pour nous asseoir dans l'inaction et la mollesse. »

Ci-contre : Jeanne et Conrad de Vietinghoff lors de leur mariage, en 1902.

Jeanne de Vietinghoff

Jeanne Bricou est née à Bruxelles, d'un père belge (Pierre Bricou) et d'une mère d'origine hollandaise (Emma Storm de Grave) qui s'est installée dans la capitale belge dix ans avant de donner naissance à une fille. Son père, comme celui de Yourcenar, a alors la cinquantaine. Il disparaît quand elle a huit ans. On sait peu de choses sur cet architecte belge, mais dans un cahier que nous a confié le petit-fils de Jeanne, cette dernière confie : « Le despotisme de mon père m'avait ôté confiance en moi-même. J'étais timide et gauche. Cœur neuf, âme fraîche, j'aspirais à de belles amours. N'ayant jamais trouvé d'oreille où jeter mes propos passionnés, de regard où reposer les miens, de cœur pour mon cœur ». « Homme de devoir, austère et intransigeant », Pierre Bricou n'a pas dû servir d'exemple à sa fille pour l'éducation de ses deux fils. Faire régner l'harmonie autour d'elle sera sa vocation principale et laisser se développer librement la personnalité de ses enfants, sa préoccupation maternelle essentielle.

A onze ans, elle est confiée au couvent du Sacré-Cœur de Jette-saint-Pierre où elle fait la connaissance de Fernande de Cartier de Marchienne. De confession luthérienne, elle n'y est pas inscrite officiellement, malgré de brillants résultats scolaires. A 18 ans, elle reçoit la cène, rue Belliard.

Moraliste et mystique, elle écrit son premier livre, *Impressions d'âme* à 34 ans. Quatre autres essais et un roman suivront dans les dix-sept ans qui lui restent à vivre. Son dernier essais, *Sur l'Art de vivre*, rédigé pendant la longue agonie d'un cancer du foie, sera édité à sa mémoire, en 1927 par Hélène Naville-Marion, avec une photographie en frontispice que Marguerite Yourcenar avait arrachée du livre et perdue et qu'elle demande à Jeanne Carayon de retrouver pour illustrer le second volume du *Labyrinthe du Monde* consacré à sa famille paternelle. Une fois retrouvée, elle commente le portrait à la correctrice : « En couvrant du doigt la chevelure … je retrouve ce visage d'Aphrodite praxitellienne…; bouche à la fois ferme et voluptueuse. D'après l'âge du modèle, la photographie semble plutôt tout juste d'avant-guerre. Je sais seulement que quand je revis brièvement Jeanne de V. vers 1924, après un long intervalle, elle n'était déjà plus qu'une ombre. Cette photographie la fixe à son apogée ».

Très jeune, elle voyage énormément en compagnie de sa mère. Elle fait son entrée dans le monde à dix-sept ans et remporte un vif

Jeanne telle qu'elle apparaît en frontispice dans *L'Art de vivre.*

succès lié à la fois à sa condition de jeune fille mondaine et à ses qualités. Elle est remarquée par un comte suédois qui la demande en mariage, mais si la mère accepte l'idée, elle diffère les noces en raison de l'extrême jeunesse de sa fille. Le fiancé en devint fou et dût être interné. Les soins prodigués par la jeune femme n'empêchèrent pas sa dérive dans la démence.

Pour la consoler, sa mère l'entraîne dans un vaste tour d'Europe qui finira par lui faire oublier le fiancé malade. A Dresde, elle rencontre le jeune baron Conrad von Vietinghoff de cinq ans son aîné. Il est citoyen russe d'origine balte. Ils ont en commun la religion protestante, le goût des arts, un milieu social et intellectuel élevé. Conrad a étudié la musique au conservatoire de Riga et a délaissé des études de droit pour se parfaire comme pianiste, à Leipzig, puis à Berlin. Il vit à Paris depuis 1899.

Ils se marient le 17 avril 1902, dix-sept mois après le mariage de Fernande et Michel de Crayencour. Après un long voyage, ils s'installent à Paris, rue Cernuschi. Un premier enfant, Egon, naît en février 1903. Très jeune, sa mère avait montré du goût pour le dessin et remplissait des cahiers au fusain et à la gouache. Son fils héritera de ce don et deviendra peintre naturaliste apprécié.[1] C'est le petit Egon qui, sur la plage de Scheveningen, s'exerce au baise main avec la petite Marguerite…

Un second garçon, Alexis, suivra peu après, en septembre 1904.[2] Ils naissent tous deux à La Haye où réside la mère de la jeune épouse.

C'est entre 1903 et 1907 qu'il faut situer l'idylle entre Jeanne et Michel. Ce dernier veut épouser Jeanne, mais elle refuse de quitter son mari qu'elle aime et respecte malgré ses escapades homosexuelles. Le couple s'installe à Wiesbaden et y reste jusqu'en 1913. Il quitte l'Allemagne à la déclaration de la guerre pour rejoindre Genève. La famille demande la naturalisation suisse et se fixe à Zürich où elle acquiert une maison en 1918.
Apparemment, Conrad a rencontré un partenaire durant sa résidence à Wiesbaden et est soupçonné d'espionnage par les autorités suisses

---

[1] Son fils, Alexander, a créé une fondation Egon de Vietinghoff dont on peut trouver un site très complet sur internet.
[2] Dans la biographie, nous avons émis l'hypothèse, fondée sur de nombreux indices, que ce second fils pourrait être celui de Michel de Crayencour et donc un demi-frère de Marguerite Yourcenar. Cette hypothèse n'est pas partagée par la famille von Vietinghoff, mais nous la maintenons.

car, via une agence de prisonniers genevoise, il recherche durant la guerre la trace d'un prisonnier allemand… L'aventure semble durer, car Jeanne s'installe à Genève dès 1910 et n'y sera rejointe par son mari qu'en 1913.

Durant ces infidélités, Jeanne s'éloigne et attend le retour de l'époux. Elle recherche le réconfort dans le mysticisme comme en témoigne cet extrait de lettre à son mari, datant de 1919 : « Je commence à saisir qu'il existe quand-même une grand joie intérieure indépendante de l'amour. C'est comme une communion avec l'éternel, quelque chose de sacré que l'on emporte toujours avec soi et que l'on peut ressentir dans le pire dépouillement. »[3] Trouverait-elle, comme Marguerite Yourcenar, qu'il serait « fade d'être heureux » ? En tout cas, ses missives ne le démentent pas : « l'art et le travail sont les seules choses qui maintiennent dans les temps de disette » (1916). « Tout ce qui déprime est faux » (1916). Ou encore la même année : « ne perds pas courage, la vie est toujours la même ; si nous ne la sentons pas, elle doit finir par revenir. L'âge ne fait rien à cela ni à l'amour vrai ». Et, toujours pour soutenir le moral de son mari, sans doute déprimé par la fin d'une aventure : « Je voudrais seulement que tu pourrais [sic] reprendre un peu d'espoir et d'intérêt dans les choses de la vie il y en a cependant de bonnes, et quand les unes sont enlevées, d'autres peuvent renaître. » Elle encourage son époux à se remettre au piano : « Le matin je travaille, cela me fait du bien ; il faudra aussi que tu tâches de reprendre ton piano, même si c'est mort au commencement. L'effort que l'on fait pour s'y mettre vous donne un coup de fouet salutaire. »

C'est une forme de « liberté intérieure », titre de l'un de ses opuscules, que Jeanne recherche au-delà du travail : « Je m'efforce de travailler, je crois qu'il faut s'y mettre régulièrement et sans se laisser décourager. … Mais ce n'est pas encore la vraie liberté et la grande vie vers laquelle on aspire » (toujours en 1916). Son choix, est, finalement, celui du sacrifice : « Le sacrifice est la base de toute beauté morale, artistique…etc. » (1917) Enfin, cette note nous éclaire sur ses profondes convictions : « Vivre, c'est souffrir ; vivre, c'est sortir de soi ; vivre, c'est aimer ; vivre c'est s'étendre sur la croix du Christ, percé comme lui de cinq plaies ; vivre, c'est se transformer ; vivre, c'est être tout à l'esprit ». C'est surtout une conception diamétralement opposée

---

[3] Merci à Alexander von Vietinghoff pour ces extraits de lettre. Lettre de Jeanne à Conrad (en voyage), de Zürich, du 28 décembre 1919.

à celle de Michel de Crayencour, aventurier, séducteur, joueur, dépensier, pour qui la vie doit être saisie à pleines mains sans se soucier du lendemain.

Atteinte d'un cancer du foie à quarante-neuf ans, Jeanne de Vietinghoff tentera une guérison par une cure de jeûne soutenue par des élans mystiques en la clinique du Dr Bertholet, à Lausanne, ignorant sans doute que Michel luttait lui-même contre un cancer de la gorge dans la même ville, auprès du Dr Roux qui conseilla aux von Vietinghoff de recourir à cet ultime remède. Le veuf vendit sa maison et se laissa entraîner à Vienne par son fils Egon. Avant son départ, il fit livrer une corbeille de fleurs à Michel de Crayencour, moribond, en mémoire de Jeanne, raconte Yourcenar dans *Quoi, l'Eternité?*. Gageons que ce fut vrai et qu'il n'y avait pas de secrets entre ces trois êtres pour qui ces rencontres furent source de souffrances.

Conrad reviendra à Zürich, d'abord à Zollikon, puis à Zürich même où il s'éteindra le 12 janvier 1957 à l'âge de quatre-vingt-six ans. C'était, jour pour jour, vingt-huit ans après la mort de Michel de Crayencour survenue le 12 janvier 1929.

Egon poursuivit à Paris sa formation de peintre. Quant à Alexis, il développa une maladie mentale et fréquenta une école spéciale avant d'être interné à l'asile où il décéda en 1942, âgé de 38 ans.

Marguerite rencontre, vers 1925, un « Alexis de Géra », première expérience d'un amour voué à l'échec car le jeune homme est homosexuel. Elle s'en ouvre à son père qui dédramatise la situation. En 1927, du 29 au 31 août, elle rencontre Conrad de Vietinghoff pour évoquer Jeanne, et le dernier jour, se met à la rédaction d'*Alexis*. Elle commente : « Mais j'avais déjà réfléchi, aussi bien que rêvé. Il en résulta en 1928 Alexis où je m'étais servie, pour reculer dans le passé ma mince aventure, de l'alibi que m'offrait le souvenir de Jeanne et d'Egon[4] ». Elle recherche longuement le cimetière de Jouxten, à Lausanne, où fut enterrée Jeanne et décrit cette quête dans *La Nouvelle Eurydice*...

Elle ressassera le souvenir de Jeanne tout au long de son existence, y mêlant son expérience personnelle tout aussi malheureuse.

Monique, Thérèse, Valentine ou Jeanne, de quelque nom qu'elle la voilera, c'est Jeanne de Vietinghoff qui servira d'interprète à son vécu, mais dans un registre plus réaliste, moins compatissant et moins mystique que celui qu'avait emprunté Jeanne pour l'exprimer.

---

[4] En réalité, Jeanne et Conrad. *Quoi, l'Eternité?*, p. 142.

Pierre Bricou, le père de Jeanne
Emma Storm de Grave, la mère.

Quelques réalisations de Jeanne

Egon et Alexis enfants

Egon s'exerçant avec Marguerite au baise-main, Scheveningen, 1905

Egon von Vietinghoff
Harem-Szene (huile 54x65) / Kirschen, 1988

Egon von Vietinghoff
Oelbild Johannisbeeren, 1987 / Aufgebrochene Blutorange, 1970

Jeanne vers 1924

Jeanne de Vietinghoff, écrivain

Jeanne de Vietinghoff est l'auteur de plusieurs livres. *Impressions d'âme* paraît en 1909, *La Liberté intérieure*, en 1913, *L'Intelligence du Bien* en 1915, *Au Seuil d'un Monde Nouveau*, en 1923, un unique roman : *L'Autre Devoir*, en 1924, enfin *Sur l'Art de vivre*, publié, inachevé, en 1927, après son décès.

Composé en trois parties (Visions, Réflexions et Pensées), *Impressions d'âme* est un recueil qui vise à convaincre d'oser être soi, que le bonheur n'est pas dans la possession de biens matériels, mais dans la connaissance de soi-même, de son âme. Dans cette optique, désirer le bonheur est plus important que le posséder, y tendre plus sacré que l'obtenir car la satisfaction éteint toute volonté et amélioration de soi-même. Mais, convaincue qu'elle n'atteindra jamais au bonheur, Jeanne de Vietinghoff y développe une conception pessimiste : donner et s'oublier ; comme si le sacrifice et la souffrance représentaient les seuls moyens de se rendre bon et d'être digne d'être aimé. Manifestement, la recherche du bonheur, pour elle, le bonheur de la rencontre de l'âme sœur, reste entachée du sentiment de péché dû à son éducation protestante. Ce thème sera celui développé dans son roman *L'Autre Devoir*. Finalement, ce livre est un éloge de la souffrance et du dénuement, de la solitude et du silence, du don de soi et de l'oubli de soi. « Il faut avoir beaucoup souffert et beaucoup sacrifié », écrit-elle, « pour connaître et comprendre le bonheur pur », bonheur qui reste tout spirituel.

Marguerite Yourcenar, elle aussi, a pratiqué cette recherche constante du perfectionnement de soi (dont *L'Œuvre au Noir* représente le cheminement), afin de devenir, également, digne d'être aimée sans mieux y parvenir.

La Liberté intérieure, son second livre, se développe en vingt chapitres et atteint un degré de plus dans la philosophie de Jeanne de Vietinghoff. Il y s'agit toujours de trouver sa liberté intérieure, ses lois particulières, sa vérité intime pour accéder au bonheur. Elle y fait l'éloge du libre arbitre, de la conception personnelle et changeante de ce qu'est Dieu pour chacun de nous, s'éloignant à la fois de l'Eglise et du Livre, condamnant le fanatisme et revendiquant la libre interprétation des lois divines. Le bonheur y est défini comme « deux mains qui se tendent, deux regards qui se croisent, deux âmes qui s'étreignent » ; il reste toujours aussi difficile à rencontrer. Sa conception de l'éducation y est révolutionnaire et vise à aider l'enfant à vivre sa vie. Mais le pessimisme est toujours là : si la femme est faite pour l'amour et qu'elle ne le rencontre pas, elle doit développer une vie de mérite pour obtenir ce que ses charmes n'ont pu attirer. Finalement, elle se convainc qu'on peut aimer sans objet et qu'aimer c'est maintenir en soi la disposition à l'amour. La souffrance est toujours présente pour réaffirmer que le grand bonheur et la profonde douleur s'équivalent par leur grandeur et leurs effets. Ce livre est un plaidoyer contre les systèmes, les principes, les tendances, les conventions, les traditions et les dogmes et remet en cause l'autorité de toutes les lois. Le prix à en payer est la solitude et le silence, le cœur inassouvi, la tendresse refoulée et les grandes douleurs.

La présence constante de la nature, en tant que signe d'une instance supérieure, rapproche encore Jeanne de Marguerite Yourcenar[1] qui savait s'émouvoir d'une fleur perçant les neiges et y voir, également, le signe d'un Dieu, « qui que ce soit qu'Il soit » et « quel que soit le nom qu'on lui donne ». Toute enfant, déjà, Marguerite fuyait l'église et ses dogmes et situait Dieu du côté des forêts. Elle exprimait la même aversion pour les dogmes et le fanatisme religieux. La seule différence entre les deux écrivains est que pour l'une l'existence d'un Dieu est une certitude et pour l'autre, il est « Celui qui Est peut-être » ; pour l'une l'âme existe (bien qu'elle se confonde avec le Soi), tandis que pour l'autre, cela reste un doute. Dans les deux cas, il existe une forme de mysticisme, même si chez la seconde il reste agnostique.

Une autre attitude commune aux deux femmes est le refus des systèmes, des préjugés et des certitudes. Marguerite Yourcenar affirmait, ainsi, que les voyages ont pour résultat « de détruire l'étroitesse d'esprit et les préjugés mais aussi l'enthousiasme naïf qui nous faisait croire en l'existence de Paradis, et la sotte notion que nous étions quelqu'un »[2]. Elle s'efforçait, comme son aînée, de penser « au-dessus de la mêlée » et visait l'amélioration constante qu'elle exprimait, euphémiquement, par « mourir un peu moins sot qu'on n'est né ».

---

[1] Avec cette nuance que, pour Jeanne, la nature se limite à la végétation et aux oiseaux, tandis que pour Marguerite Yourcenar, l'espèce animale y tient une place majeure.
[2] « Voyages dans l'espace et voyages dans le temps », conférence à l'Institut français de Tokyo, le 26 octobre 1982.

L'intelligence du bien paraît pendant la première guerre. L'expression était déjà présente dans le livre précédent, faisant de celui-ci son prolongement logique. Développé en 18 chapitres, il aborde les mêmes thèmes, élevant d'un cran l'audace de la pensée. Il faut transgresser les règles[3] , avoir le courage de douter, même de l'existence de Dieu ; il faut espérer sans cesse, dépasser les déceptions, dominer les circonstances de l'existence… C'est à ces conditions que de nouveaux hommes construiront un monde nouveau. La recherche du bonheur en est toujours le thème central, mais ce dernier se précise : il ne faut pas en vouloir à ceux qui nous l'ont ravi, mais se réjouir du bonheur tant qu'il dure.[4] Jeanne y dénonce la décadence « moderne due à la dépréciation générale de l'amour » qui concerne autant l'âme que le corps et l'intelligence. La trilogie se retrouve chez Yourcenar, dans *Quoi, l'Eternité ?* où elle rend compte d'une visite de Jeanne à Bruxelles : « Elle me tendit les bras. Je m'y jetai avec joie. Son baiser, venu à la fois de l'âme, du cœur et du corps, me rendit aussitôt l'intimité facile d'autrefois, bien que ces récentes quatre années d'absence représentassent à mon âge presque la moitié de ma vie.[5] » Jeanne aborde également le thème de la fidélité et du mariage où le mensonge de l'amour est d'autant plus coupable qu'il se drape du devoir. Le seul mariage vrai, juste, utile, le seul supportable, est celui basé sur le respect de la liberté mutuelle. Suit l'éloge de l'amour libre, pratiqué en dehors de la loi et « quelle que soit la forme sous laquelle il se présente », du moment que la conscience l'approuve. Pour elle le divorce peut être simplement « moral » si, par exemple il convient de rester unis pour l'éducation des enfants. « Vibrer, acquiescer et s'épanouir » deviennent un nouveau devoir. Il faut aussi parfois renoncer au bonheur car, à durer, il risque d'affaiblir l'âme.

---

[3] Yourcenar en rend compte dans *Quoi, l'Eternité?* où elle décrit Jeanne en visite à Bruxelles lorsqu'elle avait 7 ans, vers 1910 : « Elle n'avait pas changé. Son visage était resté le même sous son grand chapeau que n'encombraient ni plumes d'autruche ni oiseau mort. Contrairement à ce qui était alors les seules bienséances possibles pour une femme qui sait vivre, c'est à dire les genoux parallèles et presque serrés, et les mains seulement à demi dégantées, elle avait posé ses gants sur la table et croisé un genou, ce qui semblait lui conférer une surprenante et tranquille liberté d'attitude. Sa jupe de soie gris argent, coupée en biais, se tendait de la hanche au jarret découvrant ainsi quelques centimètres de bas minces et des souliers bas, au lieu des bottines à boutons que portaient encore la plupart des dames. » (p. 255)

[4] Voir le souvenir pieux de Fernande, mère de Yourcenar, où son père a fait noter : Il ne faut pas pleurer parce que cela n'est plus, il faut sourire parce que cela a été.

[5] p. 255.

Les trois derniers chapitres (le détachement, la force tranquille et la certitude) enseignent l'attitude à prendre quand le « miracle » de l'amour ne s'est pas produit ou a cessé. Il faut alors adopter le détachement des choses et des êtres, atteindre à une force tranquille et garder en soi la certitude du bonheur.

On songe, inévitablement, à Zénon qui, dans *L'Œuvre au Noir*, atteint également cette étape où, devenu indifférent à tout, il se libère même de l'amour, donnant à chaque être et chaque geste la juste importance qu'ils ont. Allant jusqu'à l'indifférence à la vie même (« Cinquante-huit fois, il avait vu l'herbe du printemps et la plénitude de l'été. Il importait peu qu'un homme de cet âge vécût ou mourût »), il finira par se suicider pour échapper au bûcher, mais, surtout, pour être, enfin et réellement, libre. Pour Jeanne de Vietinghoff, le suicide reste une tentation constante, mais, elle le répète, il faut vivre, même si vivre est une souffrance !

L'Autre Devoir, seul roman de Jeanne de V., est une sorte de résumé romancé de son éthique. Une jeune femme, Marceline, devenue orpheline, est prise en charge par une famille, les de Tiège, protestants orthodoxes. Ils ont également recueilli Charles, un célibataire coupable de relation adultère et arrivent à le convaincre du péché de sa situation. Les de Tiège finissent par marier Marceline et Charles sans que ceux-ci n'éprouvent le moindre désir l'un pour l'autre. Marceline tente en vain de séduire Charles toujours amoureux de sa maîtresse. Un enfant naît, sans faire évoluer l'harmonie courtoise du couple. Marceline vit la relation comme un sacrifice constant, jusqu'au jour où le fils de Tiège, blessé par une chute de cheval, est recueilli dans leur maison. La passion naît, mais Marceline ne consent pas à s'y laisser aller de peur de faire souffrir son mari. Elle rejette le blessé qui s'engage dans l'armée. Une discussion avec son mari lui fait comprendre qu'il était disposé à la laisser vivre ce bonheur et qu'il est, de son côté, prêt à revoir sa maîtresse. Libérée, Marceline cherche à contacter son adorateur, mais celui-ci vient de se faire tuer au combat… Une grave dépression s'ensuit. Le couple décide de se séparer un moment et Marceline rejoint Rome avec son fils.
Là, elle rencontre Michel[6], un professeur de dessin. Cette fois, elle accomplit l'autre devoir : celui de céder au bonheur. Mais peu de temps après le début de la relation affective, Michel lui annonce qu'il

---

[6] Dans le manuscrit, les protagonistes se nomment Lisette et Carlo…

est fiancé. Marceline lui laisse le choix : revenir vers elle libre ou rompre. Mais Michel veut tout à la fois et retrouve Marceline en restant engagé vis-à-vis de sa fiancée. La situation se prolonge un moment, jusqu'à la rupture des amants. Là, Marceline cherche des forces à l'intérieur d'elle-même, conseillée par un vieil ami peintre qui a trouvé le bonheur dans les petits faits quotidiens. Elle retournera vers son mari souffrant qui a besoin d'elle, convaincue qu'elle n'atteindra le plus profond de son être que par ce nouveau sacrifice… La fin du roman laisse entendre que le renoncement au bonheur de son ami peintre se confondait au renoncement à l'amour que lui inspirait Marceline, elle-même. Amour qu'il n'a jamais conçu partagé.

Le livre suivant, *Au Seuil d'un Monde Nouveau*, paraît en 1923. La guerre, qui a détruit l'Europe, a aussi fait trembler le « vieux monde » sur ses bases. Jeanne de V. réunit dans ce livre tous ses préceptes et les adresse à la jeunesse : « perdre la douce illusions des semblants de bonheur, des croyances faciles, des vertus apparentes ». Pour elle, la guerre est le résultat et la preuve de « la déviation du sens moral ». Il faut opérer un retour sur soi-même, retrouver les vraies valeurs et rassembler les âmes évoluées pour créer un monde nouveau. Elle continue à prêcher que le bonheur est dans l'âme, non dans la vie. La voie de la révolution est trop brutale, elle lui préfère la voie de l'évolution, plus lente, mais plus héroïque. Le bonheur échappe à l'humain et n'existe que surnaturel, il n'est plus une question vitale, mais consiste à « aimer sans étreinte ». L'Orient lui paraît une source d'inspiration pour ce futur. L'essentiel lui semble de découvrir sa vérité, expérience jugée la plus importante de la vie. Il faut puiser ses forces dans l'héritage du passé, dans les souffrances du présent et dans les aspirations du devenir. S'ouvrir aux autres, vivre la foi, être homme avant d'être un métier, vivre ce que l'on est, être vrai, sont les conseils qu'elle donne à la jeunesse pour fonder un monde nouveau. Un idéal bien éloigné de celui des jeunes qui réclament la liberté, le bonheur, la possession, la puissance…

Ce livre montre une croyance à toutes épreuves en un miracle qui ne peut pas ne pas arriver. Il manifeste une clairvoyance sur l'état du monde, sur la différence à opérer entre l'être et l'avoir, sur l'étroitesse d'esprit qui règne alors, sur la méfiance en le progrès… toutes choses également présentes dans l'œuvre de Yourcenar, mais avec, en plus, la foi, qui est totalement absente chez sa puînée.

Son œuvre s'arrête là. Dès 1925, Jeanne souffre d'un cancer et se sait condamnée. Elle continue à écrire et ses dernières pensées seront réunies par Hélène Naville sous le titre *Sur l'art de vivre* et paraîtront après sa mort, en 1927. Bien plutôt un art de ne pas vivre, ce petit recueil inachevé n'ajoute rien à la pensée de Jeanne de Vietinghoff qui y continue à s'écœurer de la « petite vie bourgeoise » et à évoquer la solitude, « noire comme la nuit sans étoiles ».

Son petit-fils nous a également transmis trois textes courts inédits, sortes d'essai à l'écriture de nouvelles. Leur maladresse, tant au niveau du contenu que de la forme, nous inflige de ne pas les reproduire ici. Comme le constate M. Yourcenar dans « En mémoire de Diotime : Jeanne de Vietinghoff », ils ne fourniraient qu'une « image affaiblie d'elle-même » et lui restent inférieurs. Gardons, intacte, à l'esprit la femme exceptionnelle que fut Jeanne…

Jeanne assimilée à Diotime

Le fait que Marguerite Yourcenar, dans son essai déjà cité, assimile Jeanne à Diotime n'est pas indifférent. Il s'agit de faire référence à la prêtresse du *Banquet* de Platon, laquelle veut convaincre son auditoire que l'Amour d'un être ne fait que dissimuler l'Amour du Beau en général et, finalement, l'amour de Dieu. C'est ce discours qui a amené les philosophes à la conception de « l'amour platonique » qui s'arrête au Désir absolu sans se « souiller » de relations charnelles. Ce fut le cas de la majeure partie de la vie de Jeanne avec Conrad et, surtout, quasi constamment, celui de Yourcenar avec ses idylles. Ne lit-on pas, dans la Préface de Feux : « ... perception obscure que l'amour pour une personne donnée, si poignant, n'est souvent qu'un bel accident passager, moins réel en un sens que des prédispositions et les choix qui l'antidatent et qui lui survivront ».

Même si *L'Autre Devoir* de Jeanne de Vietinghoff, qui raconte, romancée, son aventure avec Michel de Crayencour – ce qu'a reconnu clairement M. Yourcenar – est, en fait, l'éloge du devoir du bonheur qui devrait prendre le pas sur celui du respect de Dieu et d'une vie non entachée par le péché, Jeanne n'a pas, finalement, cédé à ce bonheur et a choisi de rester fidèle à son époux relaps. De même, l'adolescente Yourcenar n'a pas cédé à la passion que lui inspirait Jeanne (sans doute pour éviter toute concurrence avec son père) et cette retenue n'a fait qu'amplifier son admiration pour une femme qui répandait l'harmonie autour d'elle.

Yourcenar, dans son essai, a parfaitement saisi la faiblesse de Jeanne écrivain : âme balbutiante, commentaire du poème de sa vie, « cendres d'un admirable foyer ». Femme fidèle à la foi protestante, elle ne put se « dégager des formes extérieures où l'enferme Dieu ». Cette femme qui avait « le génie du cœur » était aussi belle. Elle conclut : « sa vie, bien plus que son œuvre, me donne l'impression du parfait », « Il y a quelque chose de plus rare que l'habileté, le talent, le génie même, c'est la noblesse de l'âme ». Vie platonicienne, continue Yourcenar, qui va « de la sagesse courante à une sagesse plus haute, de l'indulgence qui excuse à l'intelligence qui comprend, de la passion de vivre à l'amour désintéressé ». Et la fin de son essai exprime l'espoir, chez Marguerite Yourcenar, d'une vie au-delà de la vie : « Sans doute, elle accepta la mort comme une nuit plus profonde que les autres, que doit suivre un plus limpide matin. On voudrait croire qu'elle ne s'est pas trompée. On voudrait croire que la dissolution du tombeau n'arrête pas un développement si rare ; on voudrait croire que la mort, pour de telles âmes, n'est qu'un échelon de plus ».

Ne disait-elle pas, concernant la fin de *L'Œuvre au Noir*, « Et c'est aussi loin qu'on peut aller dans la fin de Zénon » : « C'est une porte qui s'ouvre, mais nous ne savons pas sur quoi. Peut-être sur un monde où Zénon ne serait peut-être plus nécessairement Zénon, et où il ne se souviendrait même plus -ou du moins plus longtemps- de l'avoir été. Un retour à l'universel. » Et à Michel Aubrion, en mars 1970, elle précisait : « la dernière phrase de *L'Œuvre au Noir* va singulièrement loin dans l'hypothèse de la mort considérée comme autre chose qu'une fin, présumant comme elle l'indique qu'il pourrait encore y avoir quelque chose à dire par delà le dernier soupir et le dernier réflexe. Le fait même que pour Zénon ce dernier réflexe soit à ce point actif (…) me semble montrer combien pour moi la mort reste imbriquée à la vie, et aussi riche, aussi inexplicable que la vie elle-même. »

Finalement, c'est Marguerite Yourcenar qui exprimera sans doute, le plus précisément et avec le talent qu'on lui connaît, les raisons de ce renoncement au bonheur quand la vie vous en a exclu. C'est dans la conclusion du récit « Marie-Madeleine ou le Salut » du recueil *Feux* : « Mes amants d'autrefois se couchaient sur mon corps sans se soucier de mon âme : mon céleste ami de cœur n'a eu soin de réchauffer que cette âme éternelle, de sorte qu'une moitié de moi n'a pas cessé de souffrir. Et cependant, il m'a sauvée. Grâce à lui, je n'ai eu des joies que leur part de malheur, la seule inépuisable. J'échappe aux routines du ménage et du lit, au poids mort de l'argent, à l'impasse du succès, au contentement de l'honneur, aux charmes de l'infamie. Puisque ce condamné à l'amour de Madeleine s'est évadé dans le ciel, j'évite la fade erreur d'être nécessaire à Dieu. J'ai bien fait de me laisser rouler par la grande vague divine; je ne regrette pas d'avoir été refaite par les mains du Seigneur. Il ne m'a sauvée ni de la mort, ni des maux, ni du crime, car c'est par eux qu'on se sauve. Il m'a sauvée du bonheur. »

EN MÉMOIRE DE DIOTIME : JEANNE DE VIETINGHOFF

-:-:-:-:-:-

- A Mme Hélène Naville. -

Il est des âmes qui nous font croire que l'âme existe.
Ce ne sont pas toujours les plus géniales,les plus géniales
furent celles qui surent le mieux s'exprimer. Ce sont parfois des âmes
balbutiantes,ce sont très souvent des âmes silencieuses. Jeanne de
Vietinghoff,morte récemment,a laissé quelques livres. Certains de ces
livres sont fort beaux. (°) Ils n'offrent cependant qu'une image affaiblie d'elle-même, - et les plus beaux portraits ne remplacent pas les
morts. Les livres de Jeanne de Vietinghoff,pour ceux qui la connurent,
commentent simplement le poème de sa vie. Inspirés par la réalité,ils
lui restent inférieurs; ce ne sont que les cendres d'un admirable foyer.
Je voudrais faire sentir,à ceux qui ignorent tout d'elle,l'intime chaleur de ces cendres.

Madame de Vietinghoff fut l'une de ces personnalités,européennes au sens d'autrefois,que façonnèrent plusieurs patries. Elle écrivit ses livres en français,elle aurait pu choisir d'autres langues. Je
n'entrerai pas dans des détails biographiques,qui sont oiseux souvent

et toujours difficiles. Madame de Vietinghoff aimait à répéter,avec Maurice Maeterlinck : " Ce n'est jamais un homme,c'est une âme que vous avez connue." Je tiens,dans ces pages,à ne toucher qu'à l'âme.

Je voudrais écarter tout ce qui n'est qu'enveloppe,apparence,surface,atteindre tout de suite au coeur de cette rose,au fond de ce doux calice. Je me hâterai de dire,parce que cela explique bien des choses,que Jeanne de Vietinghoff était née protestante. Jamais elle ne rompit avec cette foi chrétienne,enseignée dès l'enfance; elle n'était pas de celles qui rompent facilement. "Ce que l'on croit importe peu,disait-elle,tout dépend de la manière dont on croit." Sachons, près de cette femme exceptionnelle,nous dégager des formes extérieures où l'on enferme Dieu. Plus nous nous élevons,plus nous dominons nos croyances. Jeanne de Vietinghoff appartint surtout,de plus en plus,à cette église invisible,sans vocable et sans dogmes,où communient toutes les sincérités.

Peut-être faut-il voir dans sa droiture,dans sa haine de la lettre,dans son esprit de libre examen,un héritage de la meilleure Réforme. Ce qui importe,dans les opinions des plus sages,c'est la façon dont ils en vécurent,dont ils les élargirent en y mettant leur vie. Madame de Vietinghoff,avant de les écrire,a vécu ses pensées.

D'abord,celle du devenir éternel. La vérité,pour elle,n'était pas un point fixe,mais une ligne ascendante. La vérité d'aujourd'hui,faite de renoncement aux vérités d'hier,abdiquait d'avance devant les vérités futures. Chacune, - elle les admettait toutes - n'était pour elle qu'une route qui doit mener plus haut. "Ce qui me paraît le principal aujourd'hui ne sera plus que l'accessoire demain. Mon idéal de perfection varie; je l'attribue tantôt à l'obéissance, tantôt à la grandeur,tantôt à la correction,tantôt à la sincérité de ma vie. Je demande le nombre,puis la valeur des vertus,et cependant, c'est toujours au même Dieu que j'obéis,d'un coeur également sincère." Infatigable élan d'une âme toujours en route : ce mode mystique de vivre n'est qu'un perpétuel départ.

Tout s'écoule. L'âme assiste,immobile,au passage des joies, des tristesse et des morts,dont se compose la vie. Elle a reçu "la grande leçon des choses qui passent." Il lui a fallu longtemps pour reconnaitre,dans ce changeant décor,"la ligne intime et stable de la formation intérieure". Elle a tâtonné à travers toutes les choses; elle a fait,des passions,son miroir passager. "Les hommes,voulant embellir l'âme,ont cru devoir l'orner de croyances et de principes,comme ils parent de pierreries et d'or les saints de leur sanctuaire; mais l'âme n'est belle que lorsqu'elle est nue..." Elle arrive,par instants, à se connaitre sous sa forme éternelle. J'offre,aux lecteurs de Tagore, d'inscrire ces quelques lignes de Jeanne de Vietinghoff en marge du Gitanjâli :

Tout ce que je vois me semble un reflet, tout ce que j'entends un lointain écho, et mon âme cherche la source merveilleuse, car elle a soif d'eau pure.
Les siècles passent et le monde s'use, mais mon âme est toujours jeune; elle veille parmi les étoiles, dans la nuit des temps.

Madame de Vietinghoff a écrit là le poème de la vie, - de la vie, qui ne passe pas comme ceux qui vivent.

Admirable est ce spectacle d'une âme, sortie, pour ainsi dire, de l'espace et des âges. Mais plus émouvant, plus édifiant surtout, est de la voir demeurer grande dans les petites choses, mettre un peu d'infini dans chaque geste humain. Madame de Vietinghoff se méfiait des vertus péniblement acquises; elle les voulait spontanées; elle les voulait heureuses. "Pourquoi faire de la vie un devoir, quand on peut en faire un sourire ?" Elle les voulait naturelles, comme l'est d'ailleurs toute chose. Elle comprenait, mieux que je ne puis dire, cette infinie diversité de la nature, qui mène chaque âme, chaque esprit, chaque être, par des routes divergeantes, au but identique du bonheur. Cette âme disponible fut une âme acceptante :

Ne juge pas. La vie est un mystère, chacun obéit à des lois différentes. Sais-tu quelle fut la force des choses qui les menèrent, quelles souffrances et quels désirs ont creusé leur chemin ? As-tu surpris la voix de leur conscience, leur révélant tout bas le secret de leur destinée ? Ne juge pas; regarde le lac pur et l'eau tranquille où viennent aboutir les mille vagues qui balayent l'univers...Il faut que tout ce que tu vois arrive. Toutes les vagues de l'océan sont né-

cessaires pour porter jusqu'au port le navire de la vérité.
...Crois à l'efficacité de la mort de ce que tu veux, pour avoir part au triomphe de ce qui doit être.

En effet, si tout passe, excepté la conscience, le spectacle du monde doit nous enseigner la bonté. L'être dégagé d'illusions, même d'illusions très nobles, sera patient envers la vie et l'homme. Il évitera l'obstination du sectaire, "qui donnerait son âme pour vous sauver, mais ne ferait pas la concession d'un iota pour vous comprendre." Il fuira "l'ignorance de nous-mêmes, qui est une infidélité au Dieu intérieur". Il comprendra les autres comme il se comprendra. Il creusera son âme, au risque de creuser un lit à la douleur, "parce qu'il ne peut s'empêcher de croire que le vrai est au fond". L'on n'exige pas d'autrui les vertus qu'on possède; Madame de Vietinghoff admettait que la vérité demeurât, chez les natures timides, une déesse ensevelie. Elle excusait, - elle approuvait parfois les mensonges nécessaires aux faibles; elle en accusait seulement l'intolérance des forts. Peu d'êtres sont entrés, avec plus de douceur clairvoyante, dans la demeure des méprisés :

    Ah, si l'humanité pouvait comprendre, ou, à défaut de comprendre, s'abstenir de prononcer ses jugements, que de coeurs nous verrions s'ouvrir, de vies se redresser, et de consciences s'affirmer. Délivrés du joug de notre intransigeance, les méprisés oseraient enfin sortir de leurs retraites forcées, pour nous dire les secrets de leurs âmes silencieuses, et nous apprendre à mieux voir, à mieux comprendre, à mieux aimer. Nous nous étions cru en présence d'une armée ennemie,et voici qu'à peine le voile soulevé,nous n'apercevons plus qu'une légion de malheureux...

On ne peut douter,en lisant ces lignes,que Jeanne de Vietinghoff n'eût le génie du coeur.

La douleur,pour le sage,n'est pas une rédemption,mais une évolution. "Il faut avoir épuisé sa douleur,avant d'atteindre à l'heure tranquille qui précède la nouvelle aurore." Dans sa vie,qui ne fut pas sans ombres et fut toujours sans tache,Jeanne de Vietinghoff se maintint sans cesse au niveau du bonheur. Y renoncer,ou en décourager les autres,lui parut toujours la faute inexcusable. Sans doute, " en lui faisant expérimenter l'insuffisance de ce qui est médiocre, la vie se charge,lorsqu'elle rencontre un être de bonne volonté,d'élever l'idée qu'il se fait du bonheur". La souffrance,comme la joie, furent pour elle des passantes qui parlent d'autre chose.

L'âme maitresse d'elle-même ne repousse pas les joies,même prétendues vulgaires; elle les goûte,les possède,et les dépasse un jour. " Il me semble parfois que si la mort venait me surprendre avant que j'aie pu me tremper à plein flot dans le fleuve de la vie,je lui dirai : va-t-en,l'heure n'a pas sonné...Le repos de ton grand ciel bleu me semblerait accablant,s'il me restait une force qu'ici je n'eusse pas dépensée,et ton éternelle félicité serait mêlée d'un regret, s'il existait sur la terre une fleur dont je n'eusse respiré le parfum." Ici,dans cette ardeur et dans ce détachement,j'entends battre aussi la fièvre d'André Gide.

Quand Diotime se charge d'expliquer Dieu aux convives du Banquet,elle ne condamne aucune forme de la passion humaine,elle tente seulement d'y joindre l'infini. Elle ne s'inquiète pas de les voir s'attarder dans le sentier terrestre; elle pourra,s'il le faut, le parcourir elle-même. "La plus grande félicité de la terre ne mène qu'à la frontière du ciel." Elle sait que la vie,ou peut-être la mort,finira toujours par nous mener au but,et que ce but est Dieu.

   C'est nous qui ne sommes pas prêts. Les objets de notre bonheur sont là depuis des jours,des années,des siècles peut-être; ils attendent que la lumière se soit faite dans nos yeux pour les voir,et que la vigueur soit venue à notre bras,pour les saisir. Ils attendent,et s'étonnent d'être là si longtemps,inutiles.
   Nous souffrons, - disait-elle encore -,nous souffrons chaque fois que nous doutons de quelqu'un ou de quelque chose,mais notre souffrance se transforme en joie,dès que nous avons saisi, dans cette personne ou dans cette chose,la beauté immortelle qui nous les faisait aimer.

Sans doute. L'aveuglement,loin d'augmenter notre puissance d'aimer,rétrécit l'horizon où se meut notre amour. Platon a peut-être dit vrai, - et Jeanne de Vietinghoff eut raison.

Les vies peuvent être belles pour des qualités différentes,par leur abandon,ou par leur fermeté. Il est des vies mélodiques, comme il est des vies sculpturales. Seule,la musique,telle fugue de Bach,telle sonate de Mozart,me parait exprimer tant de ferveur,de calme,et de facilité :

       Non pas ce que l'on voit,ce que l'on dit,ce que l'on pense,mais l'implacable union qui,par dessus toutes choses conscientes,unit ma joie à ta joie dans ce que nos âmes ont d'inexprimable.
       Non pas les serments,les baisers,les caresses,mais l'accord du rythme dans l'universel devenir.

       Son avant-dernier livre,inspiré peut-être par le Comte Kayserling,apporte à l'étude des problèmes d'après-guerre une audace généreuse. Jeanne de Vietinghoff offre au monde la méthode de salut qu'elle proposait aux âmes : une perpétuelle transmutation des valeurs,non pas brusque,mais progressive. "Soyez patients dans votre attente,de peur de vous attacher à une forme passagère..... Avez-vous donc si peu de foi que vous ne puissiez vivre une heure sans religion,sans morale,sans philosophie ?" Madame de Vietinghoff ne désespérait pas de notre Europe du soir. La génération qui vient lui semblait porter en elle "le triomphe de la force humaine", - c'est à dire,je pense,de la sincérité. Ces espérances excessives me paraissent une forme de l'amour maternel; Jeanne de Vietinghoff crut en la jeunesse,parce qu'elle avait deux fils. Peut-être est-ce justement ce qui m'émeut dans ce beau livre; j'aime encore mieux,chez elle la femme que la sibylle.

       Elle a toujours douté que l'homme eût à répondre de ce qu'on nomme ses fautes. Elle les voyait pareilles à ces éclats de marbre, débris inévitables, qui s'accumulent autour du chef-d'oeuvre inachevé, dans l'atelier du sculpteur. Peut-être, continuant à suivre la même pente, en vint-elle à penser que nos vertus ne sont pas méritoires; c'était, de sa part, une preuve d'humilité. Dans les dernières années de sa vie, regardant ses mains lasses, mais non découragées, Madame de Vietinghoff s'étonnait doucement du courage, que supposaient leurs gestes. Elle croyait avoir assisté à sa vie en spectatrice irresponsable, et seulement consentante. Elle finissait par préférer à tout cette simplicité des mains vides. Il semble qu'elle aussi se dépouillât pour dormir :

> Je voudrais, ô Dieu, pouvoir chaque matin, en élevant mon regard vers toi, t'offrir mes mains vides.
> Je voudrais, loin de tout effort, n'être qu'un récepteur de la vague d'infini, et m'avancer sur les routes de hasard, poussé par le seul souffle des voix intérieures.
> Je voudrais oublier ma sagesse et mes raisons, ne plus rien demander, cesser tout vouloir, et accueillir, en souriant, les roses que ta main laisse tomber sur mes genoux.
> O parfum des choses que nous n'avons pas acquises,
> Douceur des bonheurs immérités,
> Beauté des vérités que notre pensée n'a pas créés...
> ...Illusions magiques, n'illuminez plus mes rêves,
> Nourritures terrestres, ne rassasiez pas mon coeur,
> Oeuvres de mes mains, ne remplissez plus ma vie;
> Laissez mes doutes entretenir ma dépendance et mes désenchantements approfondir mes mensonges;
> Car je veux, en ayant faim toujours, demeurer dans l'attente du pain incertain,
> Et, sans cesser d'aimer la terre, promener sur ses beautés mes regards détachés,
> Comme ceux qui viennent de loin et qui sont fatigués...

J'ai négligé de dire combien elle était belle. Elle mourut,presque jeune encore,avant l'épreuve de la vieillesse,qu'elle ne redoutait pas. Sa vie,plus que son oeuvre,me donne l'impression du parfait. Il y a quelque chose de plus rare que l'habileté,le talent,le génie même,c'est la noblesse de l'âme. Jeanne de Vietinghoff n'aurait rien écrit,que sa personnalité n'en serait pas moins haute. Seulement,beaucoup d'entre nous ne l'auraient jamais su. Le monde est ainsi fait,que les plus rares vertus d'un être doivent rester toujours le secret de quelques autres.

Ainsi se déroula cette vie platonicienne. Jeanne de Vietinghoff évolua sans cesse de la sagesse humaine à une sagesse plus haute,de l'indulgence qui excuse à l'intelligence qui comprend,de la passion de vivre à l'amour,désintéressé,que lui inspirait la vie, - et,comme elle le disait elle-même, " du bon Dieu des petits enfants au Dieu infini du sage". Des rêves théosophiques,pareils à ces visions étranges,mais amicales,qu'on voit les yeux fermés quand on va s'endormir,vinrent peut-être vers le soir la consoler aussi. La vie terrestre,qu'elle avait tant aimée,n'était pour elle que le côté visible de la vie éternelle. Sans doute,elle accueillit la mort comme une nuit,plus profonde que les autres,que doit suivre un plus limpide matin. On voudrait croire qu'elle ne s'est pas trompée. On voudrait croire que la dissolution du tombeau n'arrête pas un dé-

.11.

veloppement si rare; on voudrait croire que la mort,pour de telles âmes,n'est qu'un échelon de plus.

                                        - Marg Yourcenar -

                    -:-:-:-:-:-:-

(°) "La Liberté Intérieure." "L'Intelligence du Bien." 7° & 8° édit.
    "Au Seuil d'un Monde nouveau." 1924.2° édition.
    "Sur l'Art de Vivre." 1927.

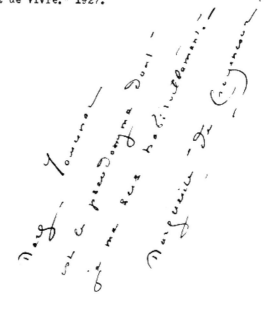

LA CORRESPONDANCE
1983-1986

La correspondance Egon de Vietinghoff/Marguerite Yourcenar

L'Académie de Langue et de Littérature françaises a acquis, auprès d'Alexander von Vietinghoff, la correspondance échangée entre l'auteur et Egon, le premier fils de Jeanne et Conrad. Le CIDMY y a ajouté l'acquisition de photographies, de livres dédicacés et de la première version tapuscrite de l'essai « En mémoire Diotime : Jeanne de Vietinghoff ».

La correspondance débute près de quatre-vingts ans après les retrouvailles de Jeanne et Michel. C'est Egon qui, à l'insistance de son fils après l'événement de l'entrée de l'auteur à l'Académie française, reprend contact avec Marguerite Yourcenar.

D'emblée, Yourcenar évoque une Jeanne de « légende » « qui a influencé sa vie ». On y apprend aussi qu'elle avait revu Alexis de Vietinghoff à Paris vers 1919. Mais il faudra attendre trois années pour que l'auteur reparle de Jeanne et du rôle qu'elle jouera dans le troisème tome du *Labyrinthe du monde*, *Quoi, l'Eternité?* : « J'avais pensé, je vous l'avais dit, y faire le portrait de votre mère, mais je me suis aperçue que je n'en savais pas assez sur les détails de sa vie. Mon livre *Quoi, l'Eternité?* plonge donc dans l'imaginaire, avec un fort substratum secret de ma vie à moi. » En effet, le parallélisme entre la situation de Jeanne de V. et celle de Marguerite Yourcenar, à savoir une femme amoureuse d'un homme qui se tourne vers d'autres hommes, a permis à l'écrivain de mêler des éléments autobiographiques là où les détails lui manquaient dans l'évocation de son modèle. Ainsi, le « scandale » de Venise de 1909 est vécu par l'auteur, à Goa, en 1984...

Rien de plus ne transparaîtra dans cette correspondance sur les liens entre Yourcenar et les von Vietinghoff. Les souvenirs firent sans doute l'objet d'échanges oraux que rien ne justifiait de répéter dans des lettres.

L'intérêt est donc ailleurs : dans ce que l'auteur confie sur sa relation avec Jerry Wilson, dans son goût marqué pour les voyages et les paysages non encore défigurés par l'homme, dans ce qu'elle confie sur sa santé et la manière dont elle ressent les cérémonies officielles (même pour le prix Erasme qu'elle apprécia tout particulièrement), dans son mal-être de solitaire depuis la mort de Jerry...

Remercions ici Alexander von Vietinghoff qui nous a cédé les documents de la présente publication et les ayants-droit de M. Yourcenar qui en ont autorisé l'édition.

Petite Plaisance
Northeast Harbor
Maine - 04662. USA

28 juin 1983

Cher Egon,

— comment appelez d'un autre nom le petit garçon qui se promenait avec moi sur le sable de Scheveningue? Votre lettre m'a ravie, et m'a semblé venir d'un profond passé. — Si j'ai été un peu votre premier amour, vous avez été un peu le mien. Je me rappelle parfaitement nos jeux sur la plage, comme on se rappelle les souvenirs de la petite enfance, c'est-à-dire par photographies interposées. Celles-là m'avaient été montrées par mon père quand j'avais environ huit ans - je ne les ai pas revues depuis, mais grâce à vous je les retrouve comme je m'en souvenais. Votre mère, dont mon père, qui avait pour elle une admiration très grande, me parlait souvent, est devenue pour moi une légende, et une légende qui a influencé ma vie. Plus tard, vers la quinzième année - c'était je crois en 1919, ou peut-être ×× deux ou trois ans plus tard, × je l'ai retrouvée pour quelques jours dans le Midi de la France, elle semblait lasse, et peut-être déjà atteinte par la maladie, mais cette rencontre est restée inoubliable. Beaucoup plus tard encore, j'ai entendu parler de vous en Italie, que je fréquentais beaucoup en ce temps-là ; c'est ainsi que

[××
 × tous comptes faits, plutôt vers 1923.
 et j'avais plutôt 19 ans que 15 ans.
 mais je suis brouillé avec les dates.]

après un très long voyage au
Japon et en Inde l'hiver dernier,
je suis ici jusqu'en fin octobre
et me rendrai ensuite en Hollande
et en France en novembre. Ensuite,
je ne sais trop. Je n'ai pas revu
la Suisse depuis nombre d'années,
et j'y ai de bons amis. Si par
hasard je réalisais mon projet
d'une brève visite à Lausanne
ou à Berne, je serai tentée de
m'arrêter un jour à Zurich pour
vous revoir — ou plutôt vous
voir, puisque je ne vous ai jamais
connu à l'âge d'homme. Mais
si l'idée vous déplait, les
artistes aiment la solitude —
dîtes le moi franchement.

A Paris, on peut toujours m'atteindre chez mon éditeur Gallimard.
    Pourquoi ne suis-je fraternelle-
ment vôtre ?
                Marguerite Yourcenar

Petite Plaisance/Northeast Harbor / Maine - 04662 USA
28 juin 1983

Cher Egon

Comment appeler d'un autre nom le petit garçon qui se promenait avec moi sur le sable de Scheveningue? Votre lettre m'a ravie, et m'a semblé venir d'un profond passé. Si j'ai été un peu votre premier amour, vous avez été un peu le mien. Je me rappelle parfaitement nos jeux sur la plage, comme on se rappelle les souvenirs de la petite enfance, c'est-à-dire par photographies interposées. Celles-là m'avaient été montrées par mon père quand j'avais environ huit ans. Je ne les ai pas revues depuis, mais grâce à vous je les retrouve comme je m'en souvenais. Votre mère, dont mon père, qui avait pour elle une admiration très grande, me parlait souvent, est devenue pour moi une légende, et une légende qui a influencé ma vie. Plus tard, vers la quinzième année -c'était je crois en 1919, ou peut-être deux ou trois ans plus tard, *** je l'ai retrouvée pour quelques jours dans le Midi de la France; elle semblait lasse, et peut-être déjà atteinte par la maladie, mais cette rencontre est restée inoubliable. Beaucoup plus tard encore, j'ai entendu parler de vous en Italie, que je fréquentais beaucoup en ce temps-là; c'est ainsi que j'ai appris que vous étiez peintre comme moi écrivain. (Merci pour les belles fleurs austères). Vers la même époque, il me semble, j'ai rencontré deux ou trois fois votre frère à Paris; puis les événements (ceux du monde et ceux de ma propre existence) ont tout dispersé, sauf ce fonds de souvenirs.
Je suis très touchée par ce que vous me dites de mes livres, surtout d'*Un homme obscur*, qui me semble l'aboutissement de tous les autres. Que nous pensions de même sur tant de points est d'un grand intérêt pour moi; il faut croire que pour arriver à ce résultat nos deux vies probablement si différentes ont dû être une partie du temps parallèles. Pour moi, après un très long voyage au Japon et en Inde l'hiver dernier, je suis ici jusqu'en fin octobre et me rendrai ensuite en Hollande et en France en novembre. Ensuite, je ne sais trop. Je n'ai pas revu la Suisse depuis nombre d'années, et j'y ai de bons amis. Si par hasard je réalisais mon projet d'une brève visite à Lausanne ou à Berne, je serai tentée de m'arrêter un jour à Zurich pour vous revoir -ou plutôt vous voir, puisque je ne vous ai jamais connu à l'âge d'homme. Mais si l'idée vous déplaît, - les artistes aiment la solitude - dites le moi franchement.
A Paris, on peut toujours m'atteindre chez mon éditeur Gallimard.
Puis-je me dire fraternellement vôtre?
Marguerite Yourcenar

*** [Tous comptes faits, plutôt vers 1923 et j'avais plutôt 19 ans que 15 ans, mais je suis brouillée avec les dates.]

Petite Plaisance
Northeast Harbor
Maine — 04662 — USA

24 july 1983

Cher Egon,

Votre seconde lettre m'a fait autant de plaisir que la première. Je pense à ce projet, encore vague, de rencontre : je regrette d'apprendre qu'un accident d'automobile vous a rendu la marche quelque peu pénible (moi-même, la marche me fatigue assez vite) mais de toute façon, Paris, où je suis de temps en temps obligée de me rendre, n'est pas une ville où l'on a plaisir à marcher, ni, à mon avis, à vivre en ce moment. Vous parlez de la possibilité de me rejoindre ailleurs, si je ne parvenais pas à inclure Zurich dans mon programme de fin automne. Que diriez-vous d'Amsterdam, qui n'est je crois qu'à moins de trois ou quatre heures de vol ? Je dois me rendre en Hollande cet automne pour recevoir un prix, le prix Erasme, et les "solennités" commenceront le 25 octobre ; mais, ne fût-ce que pour me remettre des effets du Time-lag, je compte arriver avec un ami à l'Hôtel Doelen, à Amsterdam,

vers le 22 et à garder ces
quelques jours pour moi seule
ou pour quelques amis très
chers, comme mon éditeur hollandais
Johann Polak. Si ce déplacement
vous tentait, une rencontre dans
cette ville, qui reste si belle,
pourrait être agréable. Laissez-
moi savoir ce que vous en
pensez... Il me semble que
j'ai bien des sujets de longue
conversation avec vous.

Oui, la vie aurait peut-être
été différente si nous ne nous
étions pas perdus de vue
dès l'enfance. L'existence, pour
moi, et, je suppose, pour vous,
a été très riche, tant en bonheurs qu'en malheurs (elle le
reste encore), et j'en suis
satisfaite telle qu'elle

est. Mais je regrette infiniment que nous soyons restés éloignés si longtemps l'un de l'autre.

Merci de l'image qui me fait rêver, moi qui viens de revenir, en mai, d'un assez long séjour en Inde. Le monde que vous évoquez y ressemble. J'ai pensé aux danseuses de Kathak de l'Inde du Nord.

Je vous serre affectueusement les mains,

Marguerite
Yourcenar

PP
24 july 1983

Cher Egon,

Votre seconde lettre m'a fait autant de plaisir que la première. Je pense à ce projet, encore vague, de rencontre : je regrette d'apprendre qu'un accident d'automobile vous a rendu la marche quelque peu pénible (moi-même, la marche me fatigue assez vite), mais de toute façon, Paris, où je suis de temps en temps obligée de me rendre, n'est pas une ville où l'on a plaisir à marcher, ni, à mon avis, à vivre en ce moment. Vous parlez de la possibilité de me rejoindre ailleurs, si je ne parviens pas à inclure Zurich dans mon programme de fin d'automne. Que diriez-vous d'Amsterdam, qui n'est je crois qu'à moins de trois ou quatre heures de vol? Je dois me rendre en Hollande cet automne pour recevoir un prix, le prix Erasme, et les « solennités » commenceront le 25 octobre, mais, ne fût-ce que pour me remettre des effets du time-lag, je compte arriver avec un ami à l'Hôtel Doelen, à Amsterdam, vers le 22 et à garder ces quelques jours pour moi seule ou pour quelques amis très chers, comme mon édtieur Johann Polak. Si ce déplacement vous tentait, une rencontre dans cette ville, qui reste si belle, pourrait être agréable. Laissez-moi savoir ce que vous en pensez... Il me semble que j'ai bien des sujets de longue conversation avec vous.
Oui, la vie aurait peut-être été différente si nous ne nous étions pas perdus de vue dès l'enfance. L'existence, pour moi, et, je suppose, pour vous, a été très riche, tant en bonheurs qu'en malheurs (elle le reste encore), et j'en suis satisfaite telle qu'elle est. Mais je regrette infiniment que nous soyons restés éloignés si longtemps l'un de l'autre.
Merci de l'image qui me fait rêver, moi qui viens de revenir, en mai, d'un assez long séjour en Inde. Le monde que vous évoquez y ressemble. J'ai pensé aux danseuses de Kathak de l'Inde du Nord.
Je vous serre affectueusement les mains,
Marguerite Yourcenar

Petite Plaisance
Northeast Harbor - Maine
04662 - USA.

4 septembre 1983

Cher Egon,

Merci de votre lettre m'annonçant votre venue à Amsterdam. J'arriverai le 22, mais il faut compter un jour de grâce pour les effets du Jet-Lag. Je propose que nous dînions ensemble le 24 octobre à 8.h. à l'Hôtel Doelen, vous, moi, et mon ami et compagnon de voyage Jerry Wilson (34 ans) amateur comme moi de paysages encore à peu près intacts, d'animaux sauvages ou non, et de musiques ethniques.

Nous travaillons ensemble à un album de Gospels et de Blues, traduits par moi et choisis et illustrés de photographies par lui, qui doit paraître prochainement chez Gallimard.

Ce sera une joie de vous revoir — ou plutôt de vous voir pour la première fois.

J'ai lu avec grand intérêt vos commentaires sur Deniers du Rêve. Merci. J'ai toujours eu l'impression que les classes sociales supérieures en Italie ont regardé souvent la Dictature de haut ou avec un sourire — l'inimitable sourire italien. D'autre part, le roman a été inspiré par la vie de petites gens et d'ennemis du régime, souvent finalement réfugiés à l'étranger, qui ont véritablement souffert de ce mélange d'emphase, de brutalité partisane, alors nouvelle en Europe, et de grossière dérision. Il me semble que l'horrible scène de "l'huile de ricin" dans Amarcord de Fellini rend assez bien cela. Comme vous le dites, la dictature allemande a été plus atroce encore, mais le succès apparent du fascisme l'a aidée à naître, et puis, ce dernier ravalait et abaissait le niveau moral d'un pays qui nous a toujours été cher. En tout cas, cela est bien loin : la roue continue à tourner et maintenant broie autre chose.

Vous avez mille fois raison de n'avoir pas envie d'assister à des cérémonies officielles. Elles m'inspirent d'avance une immense fatigue. Le pire sera j'avais le 25 (dîner au palais) et le 27 (discours, ballet, prix décernés, que sais-je?) On accepte avec reconnaissance cette marque d'intérêt, mais nous sommes au fond très loin de tout cela.

Amicalement à vous,

Marguerite Yourcenar

PP
4 septembre 1983

Cher Egon,
Merci de votre lettre m'annonçant votre venue à Amsterdam. J'arriverai le 22, mais il faut compter un jour de grâce pour les effets du Jet-lag.
Je propose que nous dinions ensemble le 24 octobre à 8 h. À l'hôtel Doelen, vous, moi, et mon ami et compagnon de voyage Jerry Wilson (34 ans) amateur comme moi de paysages encore à peu près intacts, d'animaux sauvages ou non, et de musiques ethniques.
Nous travaillons ensemble à un album de Gospels et de Blues, traduites par moi et choisies et illustrées de photographies par lui, qui doit paraître prochainement chez Gallimard.
Ce sera une joie de vous revoir -ou plutôt de vous voir pour la première fois.
J'ai lu avec grand intérêt vos commentaires sur *Denier du rêve*. Merci. J'ai toujours eu l'impression que les classes sociales supérieures en Italie ont regardé souvent la dictature de haut ou avec un sourire - l'inimitable sourire italien. D'autre part, le roman a été inspiré par la vie de petites gens et d'ennemis du régime, souvent finalement réfugiés à l'étranger, qui ont véritablement souffert de ce mélange d'emphase, de brutalité partisane, alors nouvelle en Europe, et de grossière dérision. Il me semble que l'horrible scène de « l'huile de ricin » dans *Amarcor[d]* de Fellini rend assez bien cela. Comme vous le dites, la dictature allemande a été plus atroce encore, mais le succès apparent du fascisme l'a aidée à naître, et puis, ce dernier ravalait et abaissait le niveau moral d'un pays qui nous a toujours été cher. En tout cas, cela est bien loin : la roue continue à tourner et maintenant broie autre chose.
Vous avez mille fois raison de n'avoir pas envie d'assister à des cérémonies officielles. Elles m'inspirent d'avance une immense fatigue. Le pire sera je crois le 25 (diner au palais) et le 27 (discours, ballet, prix décernés, que sais-je?). On accepte avec reconnaissance cette marque d'intérêt, mais nous sommes au fond très loin de tout cela.
Amicalement à vous,
Marguerite Yourcenar

Petite Plaisance
Northeast Harbor
Maine - 04662 - USA

30 septembre 1983

Cher Egon,

Je me dis tout à coup que ma lettre de l'autre jour aura peut-être effarouché votre sauvagerie, pour ce que je vous proposais de dîner en tiers avec un ami qui pour vous est un inconnu. Si cela est, dites-le franchement, et Jerry ira dîner soit là seul ou avec d'autres amis.

En fait, je serai au Pocleau visible à partir du 22, mais je ne le dis à personne encore, la plaie de mon genre d'occupation étant les journalistes.

J'aimerai connaître un jour votre fils qui sait le grec.
Affectueusement,
Marguerite Yourcenar

PP
30 septembre 1983

Cher Egon,
Je me dis tout à coup que ma lettre de l'autre jour aura peut-être effarouché votre sauvagerie, parce que je vous proposais de dîner en tiers avec un ami qui pour vous est un inconnu. Si cela est, dites-le franchement, et Jerry ira diner ce soir là seul ou avec d'autres amis.
En fait, je serai au Doelen visible à partir du 22, mais je ne le dis à personne encore, la plaie de mon genre d'occupation étant les journalistes.
J'aimerai[s] connaître un jour votre fils qui sait le grec.
Affectueusement,
Marguerite Yourcenar

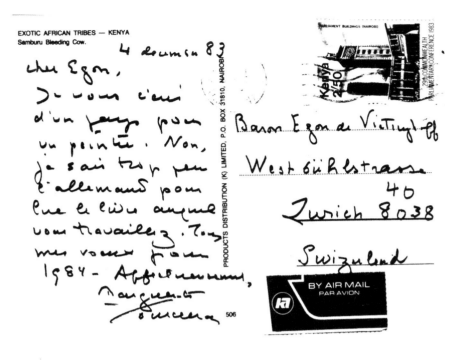

Kenya
4 décembre 83
Carte postale (tribus exotiques africaines)

Cher Egon,
Je vous écris d'un pays pour un peintre. Non, je sais trop peu l'allemand pour lire le livre auquel vous travaillez. Tous mes vœux pour 1984.
Affectueusement,
Marguerite Yourcenar

Hôtel Norfolk
Nairobi Kenya
(Sans date, mais probablement vers janvier 1984)[1]

Cher Egon. Je rature mes deux premiers mots civils en anglais, et vous remercie en français pour votre télégramme. Je suis maintenant en pleine convalescence, mais on m'assure que je souffrirai encore de vertige, peut-être pendant quelques mois. Je comprends mieux maintenant ce que vous me disiez des suites de votre accident d'automobile, et ne vous en sais que plus de gré d'être venu me voir en Hollande. Ce pays-là enchanterait un peintre. Les rochers volcaniques parmi lesquels errent ces lions ressemblent à ceux où les vieux peintres montrent Saint Antoine en prière. Bonne chance à votre livre. Affectueusement, Marguerite
Ici jusqu'en fin mars, ensuite retour à Mont Désert vers fin avril.

[1] Marguerite Yourcenar est au Kenya du 1er décembre 1983 au 2 avril 1984. La convalescence dont il est question eut lieu à la suite d'un accident de la circulation survenu le 14 décembre 1983, à la sortie d'une conférence à l'Institut Français de Nairobi. Cette convalescence se poursuivra, après l'hôpital, dans la résidence de l'ambassadeur de Belgique à Nairobi, M. de Saint-Hubert, et l'auteur ne revoyagera qu'à partir de début février. Cette carte postale doit donc dater de fin janvier 1984.

HOTEL DE L'EUROPE
RESTAURANTS EXCELSIOR & LE RELAIS

22 décembre 1984

Cher Egon,

Je suis arrivée à Amsterdam le soir du 22 et j'en repars pour Paris le matin du 27. L'espace est si court et si enclos dans cette saison de Noël où chacun a tant à faire que j'aurais trouvé insolent de suggérer même une visite comme celle de l'an dernier. J'en avais envie... Nous partons pour l'Inde le 1er janvier pour environ deux mois; la mort d'Indira Gandhi, dont je me sens très touchée du fait que je connais là-bas plusieurs de ses meilleurs amis, et aussi les troubles à Sri Lanka où nous comptions nous arrêter d'abord, ont d'ail. leurs tellement bouleversé nos dates de départ, que je ne savais même pas si ce séjour d'Amsterdam aurait lieu.

Mais peut-être au printemps prochain? Il se peut que nous revenions (Swiss Air) par Genève... Vous voyez que vous ayant retrouvé après tant d'années, je serai très heureuse de vous rencontrer de nouveau, et dans des circonstances plus attendues que l'on ne croit.

Oui, l'influence de votre mère, en partie par personne interposée, – mon père – a été très grande sur ma jeunesse. Et comme c'est sur les lancées de la jeunesse qu'on poursuit plus ou moins toute la vie, il m'arrive encore de me demander "Qu'eût-elle fait ?"

Tout cela appartient presque à un côté magique – cette transmission – dont on ne peut guère rien dire.

Mais mon amitié pour vous est-elle bien vivante. Je m'afflige de vous voir "broyer du noir" (comme on dit qu'un peintre "broie" ses couleurs), mais croyez bien qu'en dépit des apparences, j'ai moi-même mes jours d'ombre. Non la santé – j'ai presque miraculeusement guéri de l'accident grave de Nairobi, grâce aux soins affectueux de Jerry, aux gentilles infirmières noires, à une équipe de bons médecins italiens. Mais il y a ce sentiment de plus en plus poignant, à mesure que nous avançons, des limites qui nous sont fixées, et dans lesquelles il s'agit de vivre le plus pleinement possible, sans pourtant trop peser sur autrui. Je ne sais pas pourquoi je dis cela, nous en sommes tous là.

Je vous embrasse,
Marguerite Yourcenar

Amsterdam est bien jolie par ce temps de Noël. Je vois de ma fenêtre le Munttoren illuminé, comme une tour et une maison de pain d'épices toutes soulignées de sucre.

Hôtel de l'Europe
Amsterdam
22 décembre 1984
Cher Egon,

Je suis arrivée à Amsterdam le soir du 22 et j'en repars pour Paris le matin du 27. L'espace est si court et si enclos dans cette saison de Noël où chacun a tant à faire que j'aurais trouvé insolent de suggérer même une visite comme celle de l'an dernier.
J'en avais envie... Nous partons pour l'Inde le 1er janvier pour environ deux mois; la mort d'Indira Gandhi, dont je me sens très touchée de fait que je connais là-bas plusieurs de ses meilleurs amis, et aussi les troubles à Sri Lanka où nous comptions nous arrêter d'abord, ont d'ailleurs tellement bouleversé nos dates de départ, que je ne savais même pas si ce séjour d'Amsterdam aurait lieu.
Mais peut-être au printemps prochain? Il se peut que nous revenions (Swiss Air) par Genève ... Vous voyez que vous ayant retrouvé après tant d'années, je serai[s] bien heureuse de vous rencontrer de nouveau, et dans des circonstances plus détendues que l'an dernier.
Oui, l'influence de votre mère, en partie par personne interposée, - mon père - a été très grande sur ma jeunesse. Et comme c'est sur les lancées de la jeunesse qu'on poursuit plus ou moins toute la vie, il m'arrive encore de me demander « Qu'eût-elle fait?
Tout cela appartient presque à un côté magique - cette transmission - dont on ne peut guère rien dire.
Mais mon amitié pour vous est, elle, bien vivante. Je m'afflige de vous voir « broyer du noir » (comme on dit qu'un peintre « broie » des couleurs), mais croyez bien qu'en dépit des apparences, j'ai moi-même mes jours d'ombre. Non la santé - j'ai presque miraculeusement guéri de l'accident grave de Nairobi, grâce aux soins affectueux de Jerry, aux gentilles infirmières noires, à une équipe de bons médecins italiens. Mais il y a ce sentiment de plus en plus poignant, à mesure que nous avançons, des limites qui nous sont fixées, et dans lesquelles il s'agit de vivre le plus pleinement possible, sans pourtant trop peser sur autrui. Je ne sais pas pourquoi je dis cela, nous en sommes tous là.
Je vous embrasse
Marguerite Yourcenar
Amsterdam est bien jolie par ce temps de Noël. Je vois de ma fenêtre le Munttoren illuminé, comme une tour et une maison de pain d'épices toutes soulignées de sucre.

1 janvier 1986

Cher Egon,

Excusez-moi d'avoir mis si longtemps à vous répondre que mes souhaits pour 1986 soient contenus dans réponse à votre lettre du début de l'année passée. Quelle honteuse négligence de l'amitié,....

Mais l'année 1985 a été terrible pour moi. Trois mois d'admirables paysages en Inde, mais dans des situations à la Kafka trop complexes pour être décrites. Ensuite, Jerry tombé mortellement malade de fièvres, et se traînant pour tant avec moi à Agra, à Gwalior, à Jaipur. Il avait même projeté de faire avec moi seule un voyage dans les collines désertes du Rajasthan, que nous désirions beaucoup faire. Il a fallu (heureusement) y renoncer au dernier moment. Nous avons renoncé aussi au Népal, où tout était prêt pour se rendre, et, trois semaines à Goa, où il a voulu guérir sa fièvre par l'air marin, sans résultats. Finalement, je l'ai ramené quasi mourant de Delhi à New York en mars. Une rémission a été obtenue grâce aux soins des hôpitaux américains, qui lui ont finalement conseillé de se rendre à Paris essayer (il s'agit d'Aids) du traitement français.

Mais au bout de 15 jours à peine, à la nouvelle que j'avais subi une crise cardiaque grave, il revenait immédiatement pour être avec moi à Boston où j'ai subi une opération à coeur ouvert. Je me remets lentement, incapable encore de voyager pour plusieurs mois; il est à Paris, où il a passé par des alternatives de fièvre et d'inertie quasi finale, et depuis quelques jours va mieux qu'on n'ose croire que temporaire.

Je vous écris sous la neige et le gel, mais dans un paysage resté beau en dépit de l'hiver. Je réussis à travailler – j'aurais beaucoup à dire là-dessus – avec comme vous pensez bien de longs moments d'irritation. Je sais, par une photographie que vous m'avez envoyée naguère, que vous aimez comme moi l'Orient. Le voici, tel qu'on le rencontre encore à certains jours propices, par exemple dans les rues de Jaipur.

Croyez à ma longue et affectueuse amitié

Marguerite Yourcenar

EMPEROR BAHADUR SHAH I IN BATTLE (detail)
Indian (Rajasthan, Amber), early 18th century
Tinted drawing on paper
Maharaja Sawai Man Singh II Museum, Jaipur (AG–1401)

Published by
THE METROPOLITAN MUSEUM OF ART

11.00578.2

Petite Plaisance
USA

1 janvier 1986

Cher Egon,

Excusez-moi d'avoir mis si longtemps à vous répondre que mes souhaits pour 1986 soient contenus dans réponse à votre lettre* du début de l'année passée. Quelle honteuse négligence dans l'amitié...
Mais l'année 1985 a été terrible pour moi. Trois mois d'admirables paysages en Inde, mais dans des situations à la Kafka trop complexes pour être décrites.[1] Ensuite, Jerry tombé mortellement malade de fièvres, et se traînant pourtant avec moi à Agra, à Gwalior, à Jaipur. Il avait même projeté de faire avec moi seule un voyage dans les collines désertes du Rajasthan, que nous désirions beaucoup faire. Il a fallu (heureusement) y renoncer au dernier moment. Nous avons renoncé aussi au Népal, où tout était près [sic] pour se rendre, et passé trois semaines à Goa, où il a voulu guérir sa fièvre par l'air marin, sans résultats. Finalement, je l'ai ramené quasi mourant de Delhi à New York en mars. Une rémission a été obtenue grâce aux soins des hôpitaux américains, qui lui ont finalement conseillé de se rendre à Paris essayer (il s'agit d'Aids) du traitement français.[2] Mais au bout de 15 jours à peine, à la nouvelle que j'avais subi une crise cardiaque grave, il revenait immédiatement pour être avec moi à Boston où j'ai subi une opération à cœur ouvert. Je me remets lentement, incapable encore de voyager pour plusieurs mois, il est à Paris, où il a passé par des alternatives de fièvre et d'inertie quasi finale, et depuis quelques jours un mieux qu'on n'ose croire que temporaire.
Je vous écris sous la neige et le gel, mais dans un paysage resté beau en dépit de l'hiver. Je réussis à travailler -j'aurai[s] beaucoup à dire là-dessus- avec comme vous pensez bien de longs moments d'inattention. Je sais, par une photographie que vous m'avez envoyée naguère, que vous aimez comme moi l'Orient. Le voici, tel qu'on le rencontre encore à certains jours propices, par exemple dans les rues de Jaipur.
Croyez à ma longue et affectueuse amitié
Marguerite Yourcenar

[1] Marguerite Yourcenar fait, ici, allusion au fait que Jerry Wilson lui avait imposé, lors de ce voyage, la présence d'un nouveau compagnon rencontré peu avant à Paris, lequel se montra des plus désagréables et des moins respectueux à l'égard de l'écrivain et de la dame âgée. Il alla jusqu'à impliquer l'auteur dans des affaires de police liées à son comportement exhibitioniste et à l'usage de drogues. Marguerite Yourcenar et Jerry Wilson durent l'abandonner à Goa, mais Jerry avait déjà contracté le Sida, ce qui lui vaudra l'appellation d'« ange de la Mort » par Yourcenar. Jerry, après plusieurs tentatives de suicide, mourra le 8 février 1986 à Paris et son compagnon, atteint du même mal, en septembre 1989. Jerry Wilson avait 36 ans.

[2] Il s'agissait d'un nouveau traitement pour le Sida expérimenté à La Salpêtrière. Jerry décèdera à l'hôpital de Laënnec d'une « méningite virale ».

Petite Plaisance
USA
Carte postale
13 avril 1986

Mon cher Egon,

Je pars cette semaine pour l'Europe - Amsterdam, Bruges, Paris où je serai du 2 mai au 11 mai - Ritz, Place Venbdôme.
Je suis encore assez faible pour avoir besoin d'un hôtel avec fenêtre donnant sur le jardin et où l'on fasse monter le souper dans la chambre, ce qui [sic] les petits hôtels parisiens ne font pas. À Amsterdam, comme autrefois, Hôtel de l'Europe, mais en quittant Paris pour remonter vers la Suisse et l'Autriche, je compte m'arrêter un jour à Zürich pour vous voir, si vous êtes là.
Je - ou plutôt nous -, j'ai une infirmière et un vieil ami qui me servira de bienveillant « coursier » (???), ferons route en voiture. Zurich me semble un point tout désigné pour s'arrêter avec de continuer sur Vaduz et Salzbourg. Tout cela à supposer que que [sic] la santé tienne

WESTERN ASIATIC TULIP
Inscribed by Mansur
Indian, Mughal, ca. 1620
Opaque watercolor on paper
Maulana Azad Library, Aligarh Muslim University
Published by
THE METROPOLITAN MUSEUM OF ART
© 1985 MMA
11-00579-0

le coup. Mais je vous réécrirai de Paris.
Il fait affreusement froid, mais les fleurs de printemps sortent de terre.
Amitiés,
Marguerite Yourcenar

Hôtel Ritz
15, Place Vendôme
Paris

11 mai 1986

Mon cher Egon,

Moi-même ce moment (avec in fumée noire de un vieil ami new-yorkais) serons pour une nuit au Bauer au Lac, le soir du jeudi 15 mai. Voudriez-vous accepter de venir dîner avec nous, ainsi que votre femme, si elle veut bien se déplacer, ce soir là à 8 heures ? On aura ainsi un moment pour se voir. Nous continuons le lendemain matin sur Vaduz et Salzbourg.

Le Ritz est ruineux, mais j'y suis pour deux bonnes raisons ; la première c'est que je suis arrivé à Paris encore très souffrant ; après Amsterdam et la Belgique, je ne me

tenan plus sur mes jambes, qui
ne sont pas encore très remises
de mon opération d'octobre. Ici au
moins, je puis manger dans ma
chambre, et ces quelques jours de repos
m'ont déjà fait beaucoup de bien.
La seconde raison, que je ne confierai
qu'à un ami, c'est que mon très cher
compagnon Jerry Wilson, avant de
mourir le 8 février dans un hôpital
parisien, avait loué une chambre ici
pour s'y suicider en paix, en novembre.
Malheureusement, il s'est manqué
et a dû souffrir trois mois de plus.
Mais j'ai un peu l'impression en
rencontrant dans les corridors 70 ??? ???
une ombre qui m'est très chère.

Affectueusement,

Marguerite

Si ma lettre ne vous parvient pas à temps
pour téléphoner ici, laissez-moi un
petit message au Bauer.

Hôtel Ritz
15 place Vendôme
Paris

11 mai 1986

Mon cher Egon,

Moi-même et mon escorte (mon infirmière noire et un vieil ami new-yorkais) serons pour une nuit au Bauer (sic) au Lac[1], le soir du jeudi 15 mai.
Voudriez-vous accepter de venir dîner avec nous, ainsi que votre femme, si elle veut bien se déplacer, ce soir là à 8 heures? On aura ainsi un moment pour se revoir.
Nous continuons le lendemain matin sur Vaduz et Salzbourg.
Le Ritz est ruineux, mais j'y suis pour deux bonnes raisons : la première c'est que je suis arrivée à Paris encore très souffrante; après Amsterdam et la Belgique, je ne me tenais plus sur mes jambes, qui ne sont pas encore très remises de mon opération d'octobre. Là au moins, je puis manger dans ma chambre, et les quelques jours de repos m'ont déjà fait beaucoup de bien.
La seconde raison, que je ne confierais qu'à un ami, c'est que mon très cher compagnon Jerry Wilson, avant de mourir le 8 février dans un hôpital parisien, avait loué une chambre ici pour s'y suicider en paix, en novembre. Malheureusement, il s'est manqué et à dû souffrir trois mois de plus. Mais j'ai un peu l'impression de rencontrer dans ces corridors rococos une ombre qui m'est très chère.
Affectueusement,
Marguerite

Si ma lettre ne vous parvient pas à temps pour téléphoner ici, laissez-moi un petit message à Bauer.

---

[1] Baur au Lac, hôtel prestigieux de Zurich

Hôtel Sofitel
Mulhouse
Alsace

17 mai 1986

Mon cher Egon,

Quelle déception pour moi ! Arrivés vers 6h.½ du soir à la Douane de Bâle, nous avons été refusés l'entrée de la Suisse, parce que mon infirmière - femme de chambre Kikouyou, qui m'avait soignée à Nairobi, n'avait pas le visa nécessaire. On s'était contenté de lui donner celui de l'Autriche, sans penser qu'il lui faudrait traverser la Suisse ou l'Italie pour son aller ou son retour.

Comme il n'était pas question de l'abandonner, et que, d'autre part, c'est la fin de semaine de la Pentecôte, et les bureaux officiels ne seront pas ouverts avant mardi matin, nous voilà dans cet hôtel qui ressemble à un motel américain et nous ne pouvons repartir au plus tôt que mardi soir ce qui bouleverse notre itinéraire. Nous ne traverserons pas Zurich ni Vaduz, et irons sans doute à Innsbruck et Salzbourg. La rencontre dont je me faisais une joie est donc annulée, mais je serai vers le 1er juin pour 2 jours à Genève, hôtel de l'Arbalète, où je m'arrêterai pour voir mon cher Georges Borgeaud, qui est malade. Si la saison Zurich - Genève était assez brève par train ou avion, peut-être pourriez-vous songer à vous déplacer pour un jour ? Je sais que c'est demander beaucoup ; si continue à souffrir de la jambe droite depuis mon paquetage-cardiaque d'octobre dernier, et sois ce que c'est que de ne pas marcher toujours facilement. Je vous écrirai mes dates exactes pour Genève dès que je les saurai.

Affectueusement à vous,

Marguerite Yourcenar.

J'espère que mon cher et le téléphone et mon Télex au Banner du Lac, et celui du Très puissant concierge de mon hôtel à Paris, seront parvenus à temps pour qu'on vous prévienne si vous êtes là. Encore une bon jaudon.

Hotel Sofitel
Mulhouse
Alsace   17 mai 1986

Mon cher Egon,

Quelle déception pour moi! Arrivés vers 6h1/2 du soir à la douane de Bâle, nous avons été refusée l'entrée (sic) de la Suisse, parce que mon infirmière- femme-de-chambre kikouyou, qui m'avait soignée à Nairobi, n'avait pas le visa nécessaire. On s'était contenté de lui donner celui de l'Autriche, sans penser qu'il lui faudrait traverser la Suisse ou l'Italie pour son aller ou son retour.
Comme il n'était pas queston de l'abandonner, et que, d'autre part c'est la fin de semaine de la Pentecôte, et les bureaux officiels ne seront pas rouverts avant mardi matin, nous voilà dans cet hôtel qui ressemble à un motel américain et nous ne pourrons repartir au plus tôt que mardi soir, ce qui boulversera notre itinéraire. Nous ne traverserons pas Zurich ni Vaduz, et irons sans arrêt à Innsbruck et Salzbourg. La rencontre dont je me faisais une joie est donc annulée, mais je serai vers le 1er juin pour 2 jours à Genève, hôtel de l'Arbalète, où je m'arrêterai pour voir mon cher Jorge Borgès, qui est malade[1] . Si la distance Zurich-Genève était assez brève par train ou avion, peut-être pourriez-vous songer à vous déplacer pour un jour? Je sais que c'est demander beaucoup : je continue à souffrir de la jambe droite depuis mon pontage cardiaque d'octobre dernier, et sais ce que c'est que de ne pas marcher toujours facilement.
Je vous écrirai mes dates exactes pour Genève dès que je les saurai.
Affectueusement à vous,
Marguerite Yourcenar.
J'espère que mon coup de téléphone et mon telex au Bauer-au-Lac et celui du très puissant concierge de mon hôtel à Paris, seront parvenus à temps pour qu'on vous prévienne si vous étiez là. Encore une fois pardon.

---

[1] Marguerite Yourcenar revit Borges six jours avant son décès survenu le 14 juin 1986. Ce qui permet de la situer à Genève les 7 et 8 juin. Voir son essai « Borges ou le voyant » (*En pèlerin et en étranger*, Paris, Gallimard, 1989, pp. 233-261), texte de la dernière conférence donnée par Yourcenar, le 14 octobre à Boston. Elle évoque cette étrange après-midi avec le poète dans un nouvel appartement qui n'avait pas de numéro, dans une rue qui n'avait pas de nom… Et, lorsqu'elle demanda à Borges quand il sortirait du labyrinthe, celui-ci lui répondit : quand tout le monde en sera sorti…

Petite Plaisance
Northeast Harbor
Maine. 04662. US

6 juillet 1986

Bien cher Egon,

Après mon immense désappointement dû au fait que j'avais si bien involontairement manqué de parole en moi, le soir où nous devions nous retrouver à l'hôtel Bauer au Lac à Zurich, j'aurais dû vous écrire tout de suite. Mais, encore fatiguée par les suites de ma maladie et ce livre, je me trouvai dans une situation très difficile. Tout d'abord, l'explication de mon faux cond... Nous devions nous rencontrer un vendredi soir. A cinq heures ce jour-là, quand nous nous sommes trouvés à la douane de Bâle, on nous avait refusé le passage, parce que ma femme de chambre-infirmière africaine, en ordre pour la France, l'Italie et l'Autriche, n'avait pas de visa suisse, ne s'étant pas rendu compte que venant de France il fallait passer par la Suisse pour atteindre Innsbruck et Salzbourg. Les bureaux consulaires étaient fermés quand nous sommes rentrés à Mulhouse — il fallait bien passer la nuit quelque part — et nous avions devant nous un samedi, un dimanche, et un lundi de Pentecôte aux bureaux également clos. Nous nous sommes consolés en allant voir le Ballon d'Alsace, mais j'aurais mieux aimé vous voir.

Bien que le Bauer au Lac ait reçu mon télégramme à Temps, il m'a fait payer une assez forte somme, l'équivalent de 3 chambres engagées pour cette nuit-là. Cela a scandalisé mon hôtelier parisien, qui m'a dit qu'il n'aurait jamais fait payer une chambre décommandée avant 7 heures du soir, mais j'ai bien entendu payé. Mon seul souci était vous, et votre femme si elle était avec vous — qui m'attendiez probablement, et dont je n'avais pas le no de téléphone. J'ai chargé mon petit hôtel à Mulhouse d'essayer de l'obtenir, mais rien n'a été fait. Nous ne sommes pas, finalement, passés par Munich, mais avons été tout droit à Schaffhouse et au Liechtenstein, d'où nous avons gagné Innsbruck et Salzbourg par un Temps atroce. Une éclaircie s'est faite sur le lac Majeur où j'allais rejoindre des amis — nous sommes cette fois arrivés à Temps.

Mais mon grand remords et ma grande déception persistaient.

3.

Nous avons eu presque les mêmes malheurs au retour des lacs italiens, essayant de rentrer en Suisse pour aller voir mon Très cher Borgès qui m'avait téléphoné de venir, et dont je savais que les jours étaient comptés. La Suisse a refusé à mon infirmière une rentrée, sauf ce soir-là pour une journée. Comme je ne voulais pas laisser seule la jeune femme dans un trou perdu en France dont elle ne sait pas la langue, je me suis fait conduire à Genève pour la journée et j'ai eu le grand bonheur de voir, serein et en parfaite possession de soi-même, Borgès qui en fait est mort six jours plus tard. Je suis allé ensuite retrouver mon Africaine dont tous les sentiments d'infériorité étaient soudainement ressortis à la suite de ces deux mésaventures.

Quand nous reverrons-nous, si votre juste irritation finit par s'apaiser ? Je suis rentrée ici le 18 juin, en un état relativement à la fois enrichi et mortellement fatigué par un séjour de deux mois d'Europe dont la plus grande partie s'était passée à retrouver de mon mieux les traces de mon ami mort le 8 février, dans des circonstances particulièrement désolantes dont je ne me remets que peu à peu. Il y aura évidemment dans ma

4

qui de vie deux époques, l'une avant cette
mort et l'autre après.

Je me suis remise au troisième volume
de ma supposée "autobiographie" où en réalité
je parais à peine. J'avais pensé, je vous l'avais
dit, y faire le portrait de votre mère, mais je me
suis aperçue que je n'en savais pas assez sur les
détails de sa vie. Mon livre Quoi, l'Éternité ?
plonge d'ac dans l'imaginaire, avec un fort
substratum secret de ma vie à moi. J'en suis
moi-même émue et troublée, mais vous
savez trop qu'un artiste ne fait pas ce qu'il
veut pour vous étonner beaucoup.

Il se peut que je sois de nouveau à Amsterdam et à Paris en fin novembre, mon hiver
mes regards seront tournés, ou vers l'Égypte, où un
ami m'invite pour l'hiver, ou vers le Sud de
l'Inde et le Népal, où mon ami Italien de longue
imaginaire se propose de se rendre avec moi.
Nous verrons, et peut-être, Egon, vous reviendrez
à nous. Mais cela n'enlève rien aux excuses
que je fais en ce moment.

Votre fidèle amie,
Marguerite Yourcenar

Petite Plaisance
Northeast Harbor
Maine - 04662-US

6 juillet 1986

Bien cher Egon,

Après mon immense désappointement dû au fait que je vous ai bien involontairement manqué de parole en mai, le soir où nous devions nous retrouver à l'hôtel Bauer au Lac (sic) à Zurich, j'aurais dû vous écrire tout de suite. Mais, encore fatiguée par les suites de ma maladie de cet hiver, je me trouvais dans une situation très difficile. Tout d'abord, l'explication de mon faux bond. Nous devions nous rencontrer un vendredi soir. A cinq heures ce jour-là, quand nous nous sommes trouvés à la douane de Bâle, on nous avait refusé le passage, parce que ma femme de chambre-infirmière africaine, en ordre pour la France, l'Italie et l'Autriche, n'avait pas de visa suisse, ne s'étant pas rendu compte que venant de France il fallait passer par la Suisse pour atteindre Innsbruck et Salzbourg. Les bureaux consulaires étaient fermés quand nous sommes rentrés à Mulhouse -il fallait bien passer la nuit quelque part - et nous avions devant nous un samedi, un dimanche, et un lundi de Pentecôte aux bureaux également clos. Nous nous sommes consolés en allant voir le Ballon d'Alsace, mais j'aurais mieux aimer vous voir.
Bien que le Bauer au Lac [sic] ait reçu mon télégramme à temps, il m'a fait payer une assez forte somme, l'équivalent de 3 chambres engagées pour cette nuit-là. Cela a scandalisé mon hôtelier parisien, qui m'a dit qu'il n'aurait jamais fait payer une chambre décommandée avant 7 heures du soir, mais j'ai bien entendu payé. Mon seul souci était vous, et votre femme si elle était avec vous - qui m'attendiez probablement, et dont je n'avais pas le n° de téléphone. J'ai chargé mon petit hôtel à Mulhouse d'essayer de l'obtenir, mais rien n'a été fait. Nous ne sommes pas, finalement, passé (sic) par Munich, mais avons été tout droit à Schaffouse et au Lichtenstein, d'où nous avons gagné Innsbruck et Salzbourg par un temps atroce. Une éclaircie s'est faite sur le lac Majeur où j'allais rejoindre des amis. Nous sommes cette fois arrivés à temps.
Mais mon gros remords et ma grande déception persistaient..
Nous avons eu presque les mêmes malheurs au retour des lacs ita-

liens, essayant de rentrer en Suisse pour aller voir mon très cher Borges qui m'avait téléphoné de venir, et dont je savais que les jours étaient comptés. La Suisse a refusé à mon infirmière une rentrée, fut-ce seulement pour une journée. Comme je ne voulais pas laisser seule la jeune femme dans un trou perdu en France, dont elle ne sait pas la langue, je me suis fait conduire à Genève pour la journée et j'ai eu le grand bonheur de revoir, serein et en parfaite possession de soi-même, Borgès, qui en fait est mort six jours plus tard. Je suis allée ensuite retrouver mon Africaine dont tous les sentiments d'infériorité étaient soudainement ressortis à la suite de ces deux mésaventures.

Quand nous reverrons-nous, si votre juste irritation finit par s'apaiser? Je suis rentrée ici le 16 juin, en bon état - relativement -, à la fois enrichie et mortellement fatiguée par un séjour de deux mois d'Europe dont la plus grande partie s'était passée à retrouver de mon mieux les traces de mon ami mort le 8 février, dans des circonstances particulièrement désolantes dont je ne me remets que peu à peu. Il y aura évidemment dans ma fin de vie deux époques, l'une avant cette mort et l'autre après.

Je me suis remise au troisième volume de ma supposée « autobiographie» où en réalité je parais à peine. J'avais pensé, je vous l'avais dit, y faire le portrait de votre mère, mais je me suis aperçue que je n'en savais pas assez sur les détails de sa vie. Mon livre *Quoi, l'Eternité?* plonge donc dans l'imaginaire, avec un fort substratum secret de ma vie à moi. J'en suis moi-même déçue et troublée, mais vous savez trop qu'un artiste ne fait pas ce qu'il veut pour vous étonner beaucoup.

Il se peut que je serai de nouveau à Amsterdam et à Paris en fin novembre, mais ensuite mes regards seront tournés, ou vers l'Egypte, où un ami m'invite pour l'hiver, ou vers le Sud de l'Inde et le Népal, où mon ami italien du lago maggiore se propose de se rendre avec moi.

Nous verrons, et peut-être, Egon, nous reverrons-nous. Mais cela n'enlève rien aux excuses que je fais en ce moment.

Votre fidèle amie
Marguerite Yourcenar

Mauritshuis, Den Haag

JOHANNES VERMEER (1632–1675)
Gezicht op Delft
Ansicht von Delft
Vue de Delft
Veduta di Delft
Vista de Delft
View of Delft

No. 121 100 096

Cher Ami, 17 nov. 1986
Amsterdam.
Je partirai d'Amsterdam
le 22 par voiture et
serai à Zurich pour 2 jours
ou 3, le 25·26, peut-être
27 novembre. – Nous
descendons pratiquement à l'Hôtel
Eden au Lac. – Je n'ai plus prendre
de rendez-vous pour le jour de
l'arrivée, mais voulez-vous me
laisser un mot au bureau de l'Hôtel
avec votre téléphone? – Nous pensons
...vous êtes jeudi pour le len-
26, lundi. – J'espère que votre laryngi-
tis est toujours visible. Je repartirai ensuite plus 3 semaines à
Paris avant de retourner aux Indes.
Votre fidèle amie,
Marguerite Yourcenar

Amsterdam

17 nov. 1986

Cher Ami,
Je quitte Amsterdam le 22 par voiture et serai à Zurich pour 2 jours ou 3, le 25-26, peut-être 27 novembre. Nous descendons probablement à l'Hôtel Eden au Lac. Je n'ose plus prendre de rendez-vous pour le jour de l'arrivée, mais voulez-vous me mettre un mot au bureau de l'hôtel avec votre téléphone? Nous prendrions rendez-vous si possible pour le lendemain. J'espère que votre exposition est toujours visible. Je repartirai ensuite pour 3 semaines à Paris avant de retourner en Inde.
Votre fidèle amie,
Marguerite Yourcenar

La belle époque...

CARTE POSTALE

128 NANCY. — La Cathédrale et Grilles Jean-Lamour.

*que je n'ai pas eu le temps de regarder aussi longtemps
La belle époque...* que j'aurais voulu, mais qui ont réveillé des
présences au fond de nos enfances. Le buste
de votre père, si sensible, qui m'a profondément touchée.
J'ai l'impression d'avoir réveillé tout un monde...
Paris pour moi reste un peu étouffant et distant comparé à tous ces mondes intérieurs...

J'espère que le séjour de Liane à Salzbourg
n'aura pas été trop pénible, et surtout qu'elle
vous reviendra vite, car en dépit de votre force
que je sens très grande, je n'aime pas de vous savoir
seul. (Je n'aime moi-même la solitude qu'à très petites
doses, autrement elle devient trop forte pour moi.)

Pour ne pas ajouter des mots pour rien, je m'arrête
ici — Je vous embrasse,
Marguerite Yourcenar

Ritz
Place Vendôme
Paris
(2 cartes postales de Nancy)

5 décembre 1986

Mon cher Egon,
Je vous envoie ces images de Nancy où nous nous sommes arrêtés en route vers Paris. Les deux journées avec vous resteront inoubliables, et les belles pêches, posées en ce moment sur la tablette de marbre d'une cheminée elle aussi belle époque sont là pour me le redire sans cesse avec leur couleur et leur parfum -car je suis sûre qu'elles en ont un.
Vous vous rappelez peut-être le vers de Baudelaire « ... et son cœur, meurtri comme une pêche... »[1]. C'est à cela qu'elles me font penser.
Mais que de choses... les trois petits pains pareils à des têtes de mort qui dialoguent -oui - non- peut-être... le pain plat - comme la vie quotidienne-. Les cerises transparentes comme de l'eau devenue fruit - les fleurs mêlées de broussaille...
Mais il y a tant d'autres souvenirs, les photographies que je n'ai pas eu le temps de regarder aussi longtemps que j'aurais voulu, mais qui ont réveillé des présences au fond de nos enfances. Le buste de votre père, si sensible, qui m'a profondément touchée... J'ai l'impression d'avoir réveillé tout un monde...
Paris pour moi reste un peu bruyant et distant comparé à tous ces mondes intérieurs.
J'espère que le séjour de Liane à Salzbourg n'aura pas été trop pénible, et surtout qu'elle vous reviendra vite, car, en dépit de votre force que je sens très grande, je n'aime pas de vous savoir seul. (Je n'aime moi-même la solitude que par très petites doses, autrement elle devient trop forte pour moi.)
Pour ne pas ajouter des mots pour rien, je m'arrête ici. Je vous embrasse
Marguerite Yourcenar

---

[1] Charles Baudelaire, *L'amour du mensonge, Les Fleurs du mal,* Paris, Pléiade, 1975, pp. 94-95.

La corrrespondance s'arrête ici.

Un an plus tard, Egon de V. tentera de reprendre le contact avec Marguerite Yourcenar, mais elle venait de décéder.

Voici le mot qu'il avait commencé de lui écrire.

Lettre a Marguerite Yourcenar, suspendue par sa mort

Chère Marguerite Yorror

Vous qui avez si bien compris la tragédie qu'est une vie humaine, qui voyez si clairement l'abîme, vers lequel se rue l'humanité et qui souffrez plus que quiconque des horreurs dont elle se souille, comment faites vous pour rester si sereine ?

En complément de ce numéro, nous ajoutons une lettre de l'auteur qui se trouvait dans le lot cédé. Elle est adressée à l'écrivain Guy Féquant, auteur de *Saint-John Perse, qui êtes-vous?* et est intéressante pour ce qu'elle dit du poète fameux.

à Guy Feiquant

Merci pour votre lettre chaleureuse qui me rend du courage dans un moment où il m'en faut — comme à vous, et comme à Tous ceux qui pensent et Sentent comme nous.

Je me suis intéressée à ces grandes lignes de similitudes avec St-John Perse que vous avez Tracées. J'ai un ou deux de ses livres chez moi, mais je l'ai peu lu. Il y en a Toujours de ces vœux. Il a habité l'été, pendant quelques années, une île, Vinal-

[un groupe où se trouvent Astres et sol couverts de neiges]

havre, je crois, "voisine" de la mienne.
C'est à peu près sur la même côte,
un peu plus [...] au Sud.
Je n'ai jamais eu l'occasion
de le rencontrer : on le disait très
solitaire, mais c'est là souvent,
comme en partie dans mon cas,
une légende. Un des écrivains
modernes, Dag Hammarskjöld,
(l'auteur de "Markings = Jalons en
français) l'appréciait, comme vous
le savez sans doute, passionnément.
On aurait donné beaucoup pour
entendre ces deux hommes converser
de leur œuvre. Un de ces amis
m'a dit aussi que son long éclat
aux États-Unis après 1945 était dû
au fait qu'il n'était pas sûr de sa
réhabilité à la France. Je comprends
cela.
    J'ai subi en effet une opération
très grave, en octobre, et ai

d'autant plus de peine à m'en remettre
complètement qu'elle a coïncidé avec
une des périodes les plus difficiles
de ma vie : la maladie "terminale"
comme on dit ici, d'un ami que je
n'ai pas eu la force d'aller rejoindre à Paris.
Je ne connais que trop la grande
misère écologique de la province
française ; ici, en dépit des folies
commises, souvent monstrueuses (on
annonce dans le Maine l'ensevelissement
d'un dépôt nucléaire qui demeurera actif
500 ans) la nature semble défendue
par des groupes plus nombreux et une
opinion publique un peu plus alertée
qui ne font que se former en France.
Bon travail ! (L'un des seuls qui
vaillent la peine.

    Marguerite Yourcenar
  6 février 1986.

complot des oiseaux : plusieurs "colombes ensoleillées"
(mournings doves) 2 sitelles, 2 mésanges, 1 pivert

à Guy Féquant

Merci pour votre lettre chaleureuse qui me rend du courage dans un moment où il m'en faut – comme à vous, et comme à tous ceux qui pensent et sentent comme nous.

Je me suis intéressée à ces grandes lignes de similitudes avec St-John Perse que vous avez tracées. J'ai un ou deux de ses livres chez moi, mais je l'ai peu lu. Il y a toujours de ces creux. Il a habité l'été, pendant quelques années, une île, Vinalhaven, je crois, « voisine » de la mienne. C'est-à-dire sur la même côte, un peu plus au Sud. Je n'ai jamais eu l'occasion de le rencontrer : on le disait très solitaire, mais c'est là souvent, comme en partie dans mon cas, une légende. Un des écrivains modernes, Dag Hammarskjöld, (l'écrivain de « Maskings » = Jalons en français) l'appréciait, comme vous le savez sans doute, passionnément. On aurait donné beaucoup pour entendre ces deux hommes converser de leur œuvre. Un de ces [sic?] amis m'a dit aussi que son long délai (?) aux Etats-Unis après 1945 était dû au fait qu'il n'était pas sûr de se réhabituer à la France. Je comprends cela.

J'ai subi en effet une opération très grave, en octobre, et ai d'autant plus de peine à m'en remettre complètement qu'elle a coïncidé avec une des périodes les plus difficiles de ma vie : la maladie « terminale » comme on dit ici, d'un ami que je n'ai pas la force d'aller rejoindre à Paris.

Je ne connais que trop la grande misère écologique de la province française; ici, en dépit des folies commises, souvent monstrueuses (on annonce dans le Maine l'ensevelissement d'un dépôt nucléaire qui demeurera actif 500 ans) la nature semble défendue par des groupes plus nombreux et une opinion publique un peu plus alertée qui ne font que se former en France.

Bon travail! (l'un des seuls qui vaillent la peine.)
Marguerite Yourcenar
6 février 1986

Compte des oiseaux : plusieurs « colombes endeuillées» (mourning doves) 2 sitelles, 2 mésanges, 1 pivert, un groupe de corbeaux. Arbres et sol couverts de neige.

INFOS CIDMY

NOUVEAUX MEMBRES

Mme May CHEHAB (Nicosie)
Mme Valérie BARDET (Paris)
Mme Giuseppina RICUCCI ((Milano)
Mme Frédérique BARDON (Paris)
Mme Elyane DEZON-JONES (Paris)
Mme Evelyne ORBAN (Senlis)
Mme Yvonne VERVECKEN (Angleur)
M. Steven HEYDE (Gent)
M. Grégory VROMAN (Roubaix)
Mme Ophélie GASIGLIA (Villejuif)
M. Marcello AUSTINI (Roma)
Mme Dominique ARNOUIL (Paris)
Mme Dominique SIMON-WILLIAMS (Bruxelles)
Mme Floriane CHARLES (Lille)
Mme Martine LEMOINE (Bousval)
Mme Anne SAVREUX-BOUCHER (Bordeaux)

PUBLICATIONS DISPONIBLES

Présentation du CIDMY
(n°1, 20 p., 1989) Epuisé
Marguerite Yourcenar et l'Écologie
(n°2, 116 p., 1990) 5 €
Marguerite Yourcenar et le Sacré
(n°3, I,169 p., 1991) & (n°4, II, 128 p., 1992) 5 €/Vol.
Regards belges sur Marguerite Yourcenar
(n°5, 216 p., 1993) 5€
Images du Nord chez Marguerite Yourcenar
(n°6-7, ill., 160 p., 1994-95) 10 €
Les Voyages de Marguerite Yourcenar
(n°8, 334 p., cartes, 1996) 10 €
Marguerite Yourcenar, dix ans après...
(n°9, 160 p., 1997) 5 €
Marguerite Yourcenar et l'Amérique
(n°10, 130 p., 1998) 5 €
Marguerite Yourcenar. Entretiens avec des Belges
(n°11, 234 p., 1999) 10 €
Marguerite Yourcenar, état civil
(n°12, 159 p., 2000) 5 €
Georges Sion, lecteur attentif de Marguerite Yourcenar
(n°13, 159 p., 2001) 5 €
Mémoires d'Hadrien de M. Yourcenar. Réception critique 1951-1952
(n°14, 172 p., 2002) 5 €
Marguerite Yourcenar. Le Sacre du siècle
(n°15, 113 p., 2005) 5 €
Marguerite Yourcenar en questions
(n°16, 130 p., 2008) 5 €
Marguerite Yourcenar. Correspondance avec J. Massabuau
(n°17, 171 p., 2011) 20 €

Les hors-séries *L'album illustré de L'Œuvre au Noir de M. Yourcenar* & *Antinoüs, de la pierre à l'écriture de Mémoires d'Hadrien* sont épuisés.

Imprimé sur les presses de
l'imprimerie ADAM-DEMORTIER sprl
Bruxelles
Novembre 2012